Christoph Berg

# KORSIKA

## DIE SCHÖNSTEN MOTORRAD-TOUREN

# Meine Insel

**Napoléon konnte seine Heimat mit verbundenen Augen am Geruch erkennen. Insel der Schönheit wird sie genannt, Gebirge im Meer sowie Insel der 10 000 Kurven. Korsika bietet alles, was ein Bikerherz höher schlagen lässt.**

Für den Autor Christoph Berg ist Korsika die zweite Heimat.

Seit über 40 Jahren bereise ich Korsika. Trotzdem bin ich immer noch aufgeregt, wenn ich mich diesem Gebirge im Meer nähere. Am liebsten wähle ich zur Anreise die Nachtfahrt nach Bastia. Wenn sich die Fähre im frühen Morgengrauen dem dunkelgrauen Bollwerk nähert, stehe ich mit einer ersten Tasse Kaffee schlaftrunken an der Reling. Die Sonne geht langsam auf. Im feuerroten Morgenlicht werden die Konturen immer klarer. Wenn das Schiff allmählich in die Hafeneinfahrt einbiegt, bekomme ich die erste Gänsehaut. Endlich wieder auf „meiner Insel"!

Das klingt jetzt sehr pathetisch, und dennoch: Selbst jetzt, während ich diese Zeilen schreibe, bekomme ich schon wieder dieses magische Gefühl. Ich kann es nicht erklären, es ist einfach so. Und ich weiß, dass es vielen anderen auch so geht.

Liegt es vielleicht an den vielen fantastischen Stränden entlang der 1000 Kilometer langen Küste? Die gibt es auch woanders. Oder liegt es an den bis knapp an die 3000 Meter hohen Bergen, von denen es gleich ein paar Hundert gibt? Auch diese sind anderswo vorzufinden. Aber wo sonst kann man Ende Mai morgens in den Bergen Skifahren und nachmittags im Meer baden? Wo sonst kann man bis in den Herbst in unzähligen, teils mehrere Meter tiefen Gumpen der glasklaren Gebirgsbäche baden? Das ist einmalig in Europa!

## Feierfreudiges Volk

Einmalig und speziell sind auch die stolzen Korsen. Sie sind auf den Tourismus angewiesen, aber niemals würden sie ihre Seele an Investoren verkaufen. Auf den ersten Blick wirken sie oft abweisend und beobachtend. Mit der Zeit tauen sie auf und können langjährige, tolle Freunde werden. Ich kenne keine Region, in der so oft gefeiert, gesungen und getanzt wird.

Und wie sieht es mit den Straßen auf Korsika aus? Korsen verstehen oft selbst nicht, warum der Straßenbau so gut funktioniert. Selbst durch einsamste Gegenden schlängeln sich zumeist perfekt asphaltierte Sträßchen. Der Grip ist phänomenal, und der Kurvenrhythmus stimmt fast überall. Es gibt kaum gerade Abschnitte (außer an der Ostküste). Damit sind dem Wedel-Erlebnis keine Grenzen gesetzt.

## Weg mit den Mythen

Mit ein paar Mythen möchte ich gerne noch aufräumen, weil ich immer wieder danach gefragt werde. Das Tankstellennetz ist flächendeckend gut ausgebaut. Alle beschriebenen Touren starten an einer Tankstelle, sodass niemand wegen Spritmangels liegen bleiben muss. Auf Korsika wird nicht mehr gestohlen, als anderswo auch. Touristen sind auf Korsika sehr willkommen, vorausgesetzt, sie reisen auch irgendwann wieder ab.

Niemand braucht sich Sorgen zu machen wegen Anschlägen. Wenn etwas passiert, ist es nie gegen Touristen gerichtet. Motorradfahrer sind sehr gern gesehene Gäste, oft wird vom Straßenrand aus gewunken. Streckensperrungen gibt es nicht. Das würde man sich hierzulande manchmal auch gerne wünschen.

Wenn ihr auf Korsika seid, haltet Ausschau. Die Chancen stehen gut, mich dort zu treffen. Für einen Cap Corse (ein Aperitif) oder ein Pietra (ein korsisches Kastanienbier) ist immer Zeit. Oder besucht mich auf meiner Webseite:

**bike-and-smile.de**

GRATIS GPS-DOWNLOAD

**www.alpentourer.de/gps/gps-motourbook-korsika**

## Karten- & Infolegende

- Startort Etappe
- Zielort Etappe
- Start- und Zielort Rundtour
- Nationalpark; Naturpark
- Gipfel
- Roadbook
- Pass
- Sehenswürdigkeit
- Schlafen
- Schlemmen

**MOTOURBOOK – KORSIKA –**
**DIE SCHÖNSTEN MOTORRAD-TOUREN**
Eine Produktion von MoTourMedia e.K.
Hastener Straße 140 • 42349 Wuppertal
T +49 (0)2 02 94 60 02 26
**service@motourmedia.de**

**Verlagsshop**
**www.tourershop24.de**

**1. Auflage (überarbeitet) • 2. Druck 2024**
 • ISBN 978-3-939997-98-6

**Kartenbasis**


**Layout • Routen-Kartographie**
Stephan Fennel

**Text & Bild**
Christoph Berg

**Lektorat**
Snežana Šimičić

**Weitere Fotos**
Leonardo Lucarelli (Titelbild 1); Julian Nyča, Wikimedia Commons, CC BY-3.0-DE (S. 148)

**Hinweis**
Sämtliche Informationen sind nach bestem Wissen recherchiert; für die Richtigkeit dieser Informationen kann jedoch keine Gewähr gegeben werden.

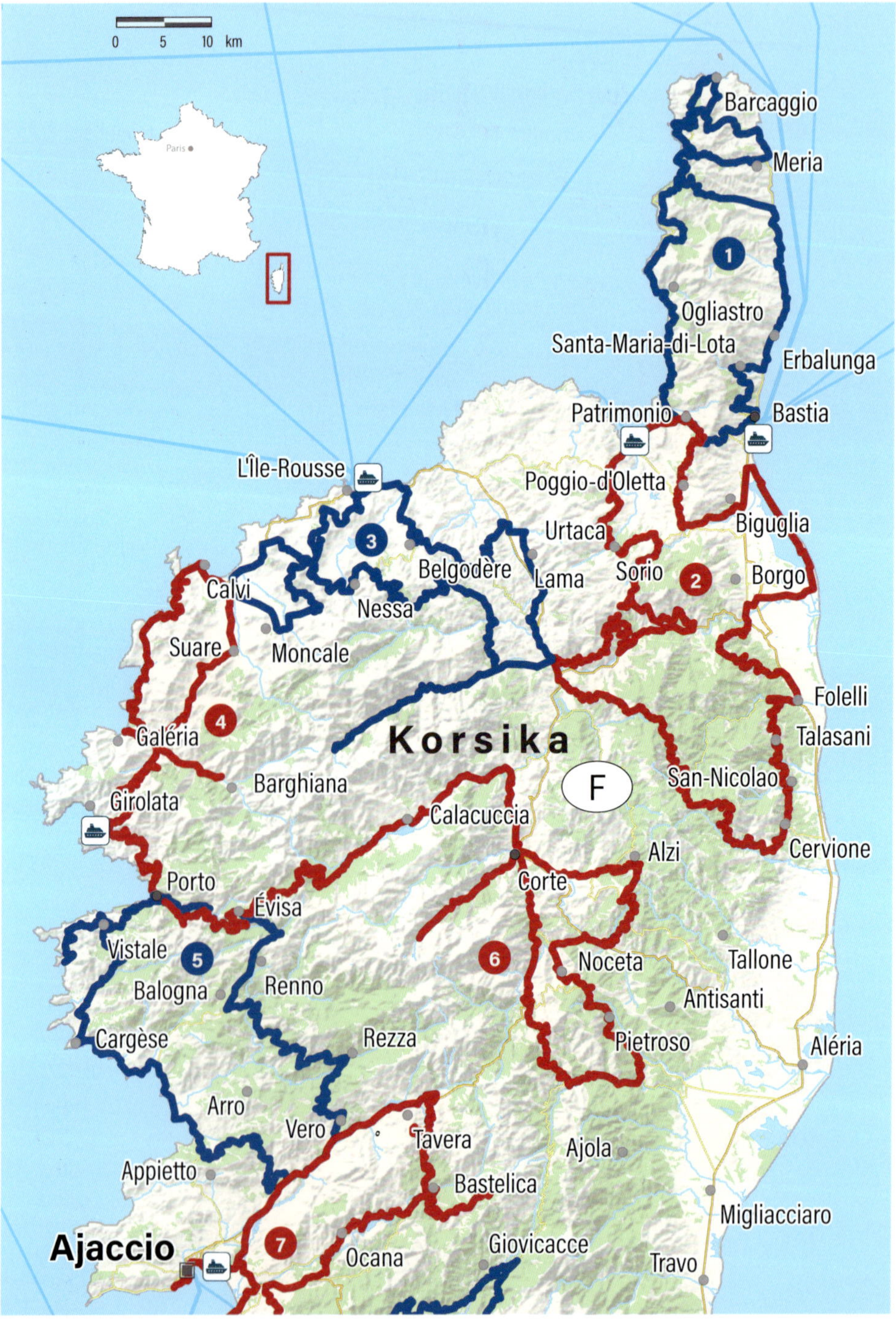
0 5 10 km
Paris
Barcaggio
Meria
1
Ogliastro
Santa-Maria-di-Lota
Erbalunga
Patrimonio
Bastia
L'Île-Rousse
Poggio-d'Oletta
Biguglia
3
Urtaca
Belgodère
Lama
Sorio
2
Borgo
Calvi
Nessa
Suare
Moncale
Folelli
4
Galéria
Korsika
Talasani
Barghiana
F
San-Nicolao
Girolata
Calacuccia
Cervione
Alzi
Porto
Corte
Évisa
Vistale
5
6
Noceta
Tallone
Balogna
Renno
Antisanti
Cargèse
Rezza
Pietroso
Aléria
Arro
Vero
Tavera
Ajola
Appietto
Bastelica
Migliacciaro
Ajaccio
7
Ocana
Giovicacce
Travo

Arro
Vero
Tavera
Ajola
Appietto
Bastelica
Migliacciaro
Ajaccio
7
Ocana
Giovicacce
Travo
Korsika
Solenzara
Molini / u Mulini
8
Argiusta
Bavella
Favone
10
Pratavone
Quenza
F
Cavallone
Fozzano
Belvédère
Orone
Granace
Cala Rossa
Porto-Vecchio
Giuncheto
Tizzano
9
Pianottoli
Chera
Bonifacio
Madalena - La Maddalena
Palau
Vignola Mare
Portobello di Gallura
Baja Sardinia
Alzachena/Arzachena
Sardinien
Costa Paradiso
0
5
10
km
Isola Rossa
I
Terranoa/Olbia

Aussichtsreiche Fahrt zur Halbinsel Capo Rosso, in Korsikas Westen.

# Insel der Kontraste

**Mit einer Fläche von 8 720 Quadratkilometern ist Korsika nach Sizilien, Sardinien und Zypern die viertgrößte Insel im Mittelmeer – und hat zudem politisch einen Sonderstatus.**

## Klima und Reisezeit

Aufgrund der Lage im westlichen Mittelmeer herrscht auf der Insel mediterranes, subtropisches Klima vor. Das bedeutet: heiße, trockene Sommer und milde, regenreiche Winter. Die vielen, bis zu fast 3 000 Meter hohen Berggipfel sind dafür verantwortlich, dass Korsika deutlich mehr Niederschläge abbekommt als die andern Mittelmeer-Inseln. Die regenreichste Zeit ist von Oktober bis März. Ab April erreichen die Temperaturen tagsüber bereits über 20 Grad. Die Nächte sind jedoch noch relativ kühl und feucht. Im Mai und Juni gehen die Niederschläge normalerweise deutlich zurück.

Überall auf der Insel blüht und duftet die Macchia (das typische korsische Gestrüpp) was das Zeug hält.

Die Luft ist klar und in den Bergen liegt noch Schnee (auf Korsika gibt es drei Skigebiete, die tatsächlich bis Anfang Mai in Betrieb sind). Es ist mit die schönste Jahreszeit.

Im Juli fallen die wenigsten Niederschläge. Die Insel füllt sich allmählich mit Touristen. Der August ist der heißeste und touristisch meist frequentierte Monat. Es muss verstärkt mit plötzlichen Sommergewittern vor allem in den Bergen gerechnet werden, während an den Küsten üblicherweise ungetrübt die Sonne scheint.

Der September ist neben Mai und Juni die schönste Motorradreisezeit. Die meisten Touristen haben die Insel bereits wieder verlassen. Die Wassertemperaturen im Meer und in den Flüssen sind noch angenehm warm, und das Wetter ist relativ stabil. Im Oktober ist es ein Glücksspiel. Manchmal zieht sich der Spätsommer bis weit in den Oktober hin. Manchmal fegen die ersten Herbststürme bereits Anfang des Monats über die Insel. Von November bis März fällt Korsika in einen touristischen Dämmerschlaf. Viele Hotels, Campingplätze und Restaurants haben geschlossen. Dafür kann man Korsika in seiner ursprünglichsten Form erleben.

## Literatur und Karten

Trotz Navis und Apps ist eine gute Landkarte für die Planung und zur Orientierung vor Ort hilfreich. Empfehlenswert und sehr praktisch ist die laminierte Karte **MOTOURMAPS KORSIKA** im Maßstab 1:150.000 für 12,80 Euro **(ISBN 978-3-939997-66-5)**. Ausreichend detailliert ist auch die Michelin-Papierkarte Nr. 528 im Maßstab 1:200.000 für 11,95 Euro.

Wer sich über die spezifischen Tourentipps für Motorradfahrer

Zu Korsika ist eine laminierte Straßenkarte erhältlich.

Im Herbst peitscht der Mistral gerne das Meer auf.

hinaus ausführlich über Korsika informieren möchte, der sollte zu dem Korsika-Reiseführer aus dem Michael Müller Verlag für 21,90 Euro greifen. Eine besondere Lektüre ist „Asterix auf Korsika" für 13,50 Euro. In diesem Band werden die Eigenheiten Korsikas hinsichtlich Land und Mentalität brillant und amüsant herausgearbeitet.

## Anreise

In der Regel erfolgt die Anreise mittels Fähren der Gesellschaften Corsica Ferries, Moby Lines, Corsica Linea und La Méridionale von Frankreich (Marseille, Toulon, Nizza) und Italien (Savona, Genua, Livorno, Piombino) aus. Auch Inselhopping über Sardinien ist möglich mit Moby Lines von San Teresa di Gallura auf Sardinien nach Bonifacio. Für die Anreise zu den Häfen in Frankreich und Italien empfehle ich folgende Routen:

Wenn es schnell gehen soll, bietet sich die Autobahn-Strecke Basel-Luzern-Gotthardtunnel-Lugano-Como-Mailand-Genua an, oder alternativ von Mailand über Alessandria nach Savona.

In der Schweiz benötigt man eine Vignette, und durch Italien werden Mautgebühren fällig.

Wer lieber über die französischen Häfen anreisen und auf Autobahn weitgehend verzichten möchte, dem empfehle ich die 335 Kilometer lange „Route Napoléon" entlang der RN 85 von Grenoble nach Cannes. Spektakulärer ist die 700 Kilometer lange „Route des Grandes Alpes" von Thonon-les-Bains am Genfersee nach Menton. Sie führt über 17 Alpenpässe und ist von Mitte Juni bis Mitte Oktober befahrbar. Dafür sollte man jedoch mehrere Tage einplanen.

Aus östlicher Richtung kommend, sind die italienischen Häfen Livorno und Piombino ein praktisches Ziel. Der Gardasee und

Am bequemsten reisen Mensch und Maschine per Fähre an.

Spektakulär ist die Anreise über die Route des Grandes Alpes.

das Ferrari-Museum in Maranello (unweit von Modena), lohnen als Zwischenstopps auf dem Weg zur Küste. Das letzte Stück bis zu den Häfen führt auf der SS 12 idyllisch durch die nördliche Toskana.

Eine weitere Option ist die Anreise per Flug, entweder nach Bastia, Calvi oder Ajaccio, mit Buchung eines Leihmotorrads unweit der Flughäfen.

bike-and-smile.de/korsika-links

## Verkehrsbestimmungen

Da Korsika zum französischen Staatsgebiet gehört, gelten auf der Insel natürlich auch die gleichen Bestimmungen, wie auf dem Festland. Frankreich hat spezielle Regelungen für Fahranfänger (Führerschein noch keine zwei Jahre) und Motorräder über und unter 125 ccm. Hier beschrieben sind die Regelungen für Fahrzeuge über 125 ccm.

**Höchstgeschwindigkeiten:**

- 110 km/h auf Schnellstraßen (zweispurig mit Mittelleitplanke; Fahranfänger und bei Nässe 100 km/h)
- 90 km/h auf Landstraßen (einspurig mit Mittelleitplanke; bei Nässe 80 km/h)
- 80 km/h auf Landstraßen (einspurig ohne Mittelleitplanke)
- 50 km/h innerhalb geschlossener Ortschaften.

**Bekleidung:**

- Helme nach ECE-Norm 22.04 oder höher mit zusätzlichen, reflektierenden Aufklebern/ Markierungen
- Tragepflicht für Handschuhe mit CE-Kennzeichnung (deshalb nicht abschneiden!) ▶

Ausschiffen am Fähranleger im Hafen von Bastia.

- Mitführpflicht einer Warnweste mit dem Kontrollzeichen EN471.

**Allgemein:**

- Die Promillegrenze liegt bei 0,5 (Fahranfänger 0,2)
- In Kreisverkehren gilt rechts-vor-links (außer durch Beschilderung anders geregelt).

## Land und Leute

Korsika ist mit 8720 Quadratkilometern die viertgrößte Insel im Mittelmeer und flächenmäßig ungefähr so groß wie der Schwarzwald. Ein zentraler Gebirgskamm zieht sich S-förmig diagonal von Nordwesten nach Südosten durch die ganze Insel. 1000 Kilometer Küste umrahmen 200 Gipfel über 2000 Meter Höhe. Der höchste Berg ist der Monte Cinto mit 2706 Metern Höhe. Nach Westen fällt die Insel steil ab.

An den wild zerklüfteten Küsten überwiegen Felsen mit einzelnen, traumhaften Sandbuchten. Der Kontrast von Bergen und Meer wird im Golf von Porto besonders deutlich (Touren 4, 5 und 6). Nach Osten fällt das Gelände eher sanft ab. Ein durchgehender Sandstrand erstreckt sich von Bastia bis nach Solenzara.

Das Wege- und Tankstellennetz ist mittlerweile hervorragend ausgebaut mit überwiegend sehr guter Straßenqualität und ordentlich Grip. Das Besondere an Korsikas Straßen ist der Kurvenrhythmus, der lustvolles Wedeln über weite Strecken beschert. Nur vier Straßen überqueren den zentralen Gebirgskamm in west-östlicher Richtung. Alpine und befahrbare Hochtäler sind Asco-, Restonica- und Ese-Tal (Touren 3, 6 und 7) sowie die D 169 bei Ghisoni. Der höchste befahrbare Pass ist der Col de Vergio mit 1477 Metern Höhe (Tour 6).

Korsika gehört zu Frankreich. Die Amtssprache ist Französisch. Italienisch wird ebenfalls gesprochen, englisch eher weniger. Die beiden größten Städte sind an der Küste Ajaccio und Bastia, in denen gut ein Drittel der korsischen Bevölkerung lebt (Touren 1 und 7). Die ehemalige Hauptstadt Corte liegt im Zentrum der Insel und ist die einzige Studentenstadt (Tour 6).

Korsen gelten allgemein als stolzes Volk und sind zunächst eher zurückhaltend gegenüber Fremden. Sie beobachten lieber erstmal, was mitunter auch als abweisend empfunden wird.

Auf den zweiten Blick sind sie jedoch ausgesprochen herzlich und zugänglich. Manchmal entwickeln sich langjährige Freundschaften, wenn man bereit ist, sich auf die Menschen und deren Kultur einzulassen. Sie verstehen es auch, ausgiebig zu feiern. Bei jeder sich bietenden Gelegenheit greifen sie zur Gitarre und stimmen ihre typischen, mehrstimmigen Gesänge in korsischer Sprache an. Irgendwo auf der Insel finden immer Konzerte oder Dorffeste statt (auf die Plakate an den Baumstämmen achten). Besucher sind stets willkommen.

## Essen und Trinken

Die typische korsische Küche ist eher einfach, herzhaft und fleischlastig. Vegetarier haben es vor allem im Hinterland mitunter schwer, ein

Die Korsen verstehen es zu feiern und lieben Straßenmusik.

Frisches Obst und Gemüse gibt es auf den Märkten.

geeignetes Restaurant zu finden. An den Küsten ist das Speisenangebot vielfältiger und stark von der italienischen Küche beeinflusst. Pizzerien gibt es praktisch überall. Menüs sind oft preisgünstiger als einzeln zusammengestellte Gerichte. Alteingesessene korsische Restaurants in den Bergen haben oft keine Karte; es gibt das zu essen, was dem Jäger vor die Flinte lief.

Die Charcuterie ist eine beliebte Vorspeise.

Eine beliebte und typische Vorspeise ist die „Charcuterie Corse“, eine gemischte Aufschnittplatte, hauptsächlich bestehend aus Coppa (geräucherter Rollschinken) und Lonzu (geräuchertes Schweinefilet).

Als Hauptgerichte gibt es neben Fischgerichten (Meerwasserfische an den Küsten, Forellen im Hinterland) vor allem Fleischgerichte. Spezialitäten sind Sanglier (Wildschwein) und Cabri (junge Ziege). Besonders die korsischen Wildschweine sind legendär, weil sie sich in den Wäldern vornehmlich von Kastanien ernähren, die dem Fleisch einen besonderen Geschmack verleihen. Eine weitere Spezialität ist Brocciu, ein Frischkäse aus Schafsmilch, der in vielen Haupt- und Nachspeisen Verwendung findet.

Das Omelette au Brocciu (Omelette mit Schafskäse und Minze) wird gerne als Vor- oder Hauptspeise angeboten. Beignets au Brocciu sind tischtennisballgroße Krapfen mit Schafskäse gefüllt. Es gibt sie beim Bäcker süß oder salzig. Sie eignen sich hervorragend als Snack zwischendurch.

Auch als Nachspeise findet Brocciu Verwendung, zum Beispiel im Fiadone, einem Käsekuchen aus Schafsmilch und Orangenlikör. Traditionell ist auch eine klassische Käseplatte mit Schafs- und Ziegenkäse. Definitiv Geschmackssache ist Casgiu Merzu, eine Käsespezialität mit lebenden Fliegenlarven, die ihm einen besonderen Geschmack verleihen.

Bei den Getränken steht Wein ganz oben auf der Beliebtheitsskala. Typische Rebsorten sind die roten Niellucciu und Sciaccarellu und der weiße Vermentinu. Muscat ist ein Süßwein, der zum Nachtisch gereicht wird. Als beste Weinanbauregionen gelten im Norden Patrimonio sowie Ajaccio und Sartène im Süden (Touren 1, 7 und 9). Korsisches Bier holt in der Gunst seit Jahren kräftig auf. In den 1990er-Jahre noch belächelt, braute Dominique Sialelli unbeirrt das erste korsische Bier aus Kastanienmehl. Sein dunkles Pietra-Bier gibt es neben weiteren Biersorten inzwischen in jedem korsischen Lokal, und es wird auch exportiert.

Eine Karaffe stilles Wasser (sans gaz) gehört zu jedem Essen dazu. Wer es sprudelig mag, bestellt eine Flasche Wasser (avec gaz oder gazeuse) extra. Orezza entspringt einer korsischen Quelle in der Castagniccia (Tour 2) und ist leicht salzig. Beliebt auf der Insel sind neben den üblichen Softdrinks auch Sirups (französisch: Sirops) in verschiedenen Geschmacksrichtungen (Citron, Grenadine, Fraise, usw.), die man sich mit einer Karaffe Eiswasser selber mischt. Wenn man sie statt mit Wasser mit Limonade mischen möchte, bestellt man einen „Diabolo".

Sirops gibt es auch mit Pastis, dem typischen französischen Anisschnaps. Sie heißen dann „Tomate" (mit Grenadine), „Canari" (mit Citron), „Mauresque" (mit Orgeat) oder „Perroquet" (mit Menthe). Die gängigsten Apéritivs sind der klassische Pastis oder der Cap Corse (aus Wein und Kräutern).

Nach dem Essen werden gerne ein Muscat (Süßwein), Liköre aus Myrte, Kastanie (châtaigne) oder ein Eau de vie (klarer Schnaps) getrunken. Die

Liebhaber von geräuchertem Fleisch, etwa feinem Schinken, kommen auf Korsika auf ihre Kosten.

Wildpferde grasen gerne in den abgelegenen Landschaften.

Patrons in den kleineren Restaurants in den Bergen präsentieren oft stolz ihre eigenen Brände, die es mitunter gewaltig in sich haben. Gerne setzen sie sich dazu, trinken einen mit, und die Völkerverständigung kann beginnen.

## Flora und Fauna

Dank der großen Höhenunterschiede und den einhergehenden zahlreichen Niederschlägen in den Wintermonaten gedeiht auf Korsika eine üppige Vegetation (unter anderem mit einigen hundert endemischen Arten). An den Küsten überwiegen Laubwälder, zumeist bestehend aus Eichen-, Buchen- und Kastanienbäumen. Letztere gehen auf ein Gesetz aus dem 16. Jahrhundert zurück, das jedem Landbesitzer vorschrieb, pro Jahr vier Bäume zu pflanzen. Kastanienmehl war lange Zeit ein Hauptbestandteil der Ernährung. Mittlerweile werden die Plantagen jedoch nicht mehr bewirtschaftet.

Die Castagniccia im Nordosten ist ein Überbleibsel aus dieser Zeit (Tour 2). Von wirtschaftlicher Bedeutung sind heute Zitrusplantagen und Weinberge, vor allem entlang der Ostküste. Im Golf von Porto, südlich von Ajaccio und ebenfalls an der Ostküste befinden sich außerdem noch größere Eucalyptuswälder, die ihren spezifischen Duft verbreiten (Touren 4, 5 und 7).

In den Bergen wachsen vor allem Schwarzkiefern (Lariciokiefer, die sonst nur noch in Kalabrien und auf

Kastanienbäume zu pflanzen wurde gesetzlich verordnet.

Sizilien vorkommt), die bis zu 800 Jahre alt werden und durch ihren knorrigen Wuchs beeindruckende Fotomotive abgeben. Besonders schöne Exemplare findet man am Col de Bavella und im Asco-Tal (Touren 3 und 10).

Weißtannen sind ebenfalls weit verbreitet. Sie werden bis zu 60 Meter hoch und wurden aufgrund ihres kerzengeraden Stammes früher gerne als Schiffsmasten genutzt. Zu finden sind sie zum Beispiel am Col de Verde, im Forêt d'Aitone und im Valdo Niello, dem ausgedehntesten Waldgebiet Korsikas (Tour 6).

Korkeichen findet man im Südosten in der Gegend um Porto-Vecchio (Tour 10). In den übrigen Gebieten herrscht die hüfthohe Macchia vor, die sich vor allem nach Waldbränden immer weiter ausbreitet. Sie besteht aus einem Mix aus Zistrosen, Rosmarin, Thymian und weiteren Kräutern, was der Insel in den Frühlingsmonaten, wenn alles blüht, diesen unverwechselbaren und legendären Duft verleiht. Dazwischen wächst die bis zu zwei Meter hohe Garrigue, ebenfalls ein Mix aus verschiedenen Sträuchern, wie Erdbeerbaum, Oleander und Steineichen.

Das bekannteste und meistverbreitete Wildtier ist das Korsische Schwein. Es ist entstanden aus der Kreuzung freilebender Hausschweine mit Wildschweinen und gilt als eigenständige Rasse. Die Tiere sind leicht zu erkennen am mitunter lustigen Mix (vorne braunes Wildschwein, hinten rosa Hausschwein oder umgekehrt). Wenn sie nicht gerade nach Kastanien oder anderen Leckereien die Wälder durchpflügen, liegen sie gerne am Straßenrand und dösen in der Sonne.

Vorsicht ist in den Abendstunden geboten, wenn sie auf die Straße umziehen, um die Restwärme des Asphalts zu nutzen. Das Gleiche gilt für Ziegen, Kühe und Pferde, mit denen auf Korsikas Straßen im Inland immer zu rechnen ist. Ein untrügliches Warnsignal sind Exkremte auf der Straße. Erfahrungsgemäß ist es dann nicht mehr weit bis zu den Verursachern.

Das Korsische Schwein ist das meist verbreitete Wildtier.

Das Nationaltier der Korsen ist der Mufflon, ein Wildschaf, das sehr zurückgezogen in den Bergen lebt. Die bekannteste korsische Musikgruppe hat sich nach ihnen benannt: I Muvrini (die kleinen Mufflons). Hin und wieder begegnet man auch einer Griechischen Landschildkröte, die in für die Öffentlichkeit zugänglichen Zuchtstationen aufgezogen und dann ausgewildert werden (Touren

3 und 7). Zorn- und Ringelnattern sind die einzigen Schlangen (beide ungiftig). Meistens sieht man sie allerdings nur überfahren auf der Straße liegen. Weitere Reptilien sind die Tyrrhenische Mauereidechse und die Ruineneidechse, die auf Korsika und Sardinien endemisch sind. Die seltenen Feuersalamander kann man mit großer Wahrscheinlichkeit an regnerischen Tagen im Wald von Cucuruzzu entdecken (Tour 8).

Wer hinaufsieht, entdeckt in der Luft häufig Bussarde, Milane und Sperber. Seltener sind Stein- und Fischadler oder Bartgeier.

## Übernachten

Hotels finden sich über die ganze Insel verstreut in allen Komfortklassen und Verpflegungsstufen von Übernachtung mit Frühstück bis Vollpension. Die größte Dichte gibt es an den Küsten. Im Sommer sind viele jedoch ausgebucht. Wenige Kilometer im Hinterland sind die Chancen auf freie Zimmer deutlich größer und außerdem preisgünstiger.

Wildcampen ist verboten.

Eine spezielle Form sind die Hôtel-Résidences. Auch hier gilt wie bei den Hotels das volle Programm. Jedoch übernachtet man in kleinen Bungalows, die verstreut auf dem Areal stehen, oft auch mit einem Gemeinschaftspool. Sie sind vor allem an der Ostküste weit verbreitet. **booking.com**

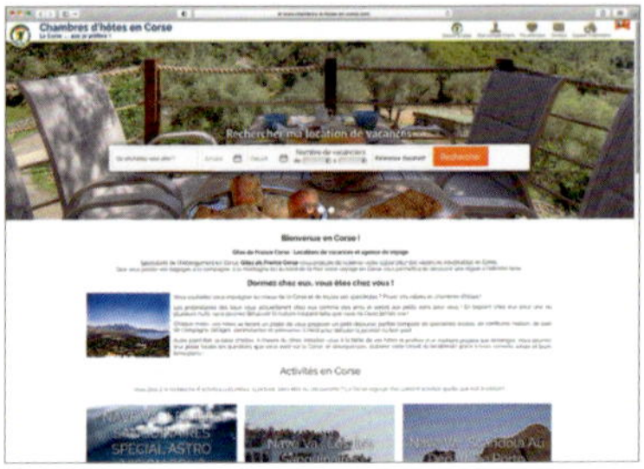


Preisgünstiger und über die ganze Insel verstreut sind die Chambre d'hôtes oder Bed & Breakfast. Es handelt sich meist um private Unterkünfte mit Frühstück, manchmal sogar mit Abendessen.

**chambres-hotes.fr**

Ferienwohnungen und Häuser für alle Gruppengrößen sind ebenfalls weit verbreitet. Sie sind preislich vor allem interessant für größere Gruppen, die sich untereinander gut verstehen. **fewo-direkt.de**

Wer auf den Preis achten muss, kontaktfreudig ist und für den Komfort keine Rolle spielt, ist in den Gîtes d'étape gut aufgehoben. Die einfachen Selbstversorger-Unterkünfte zielen vor allem auf Wanderer, die am nächsten Tag weiterziehen. Sie bieten oft Mehrbettzimmer, gemeinschaftliche Sanitäranlagen und Aufenthaltsräume. Motorradfahrer sind aber stets willkommen.

**gites-corsica.com**

Campingplätze gibt es ebenfalls in allen Komfortklassen und über die ganze Insel verteilt, aber natürlich mit Schwerpunkt an der Küste. Die größeren und luxuriöseren befinden sich überwiegend entlang der Ostküste und in der Balagne (Tour 3). Viele Platze bieten mittlerweile auch einen Pool sowie Bungalows. Da die Saison relativ kurz ist, öffnen die meisten Plätze erst ab Mai und schließen bereits wieder Mitte September. Nur wenige haben ganzjährig geöffnet.

**campingincorsica.info**

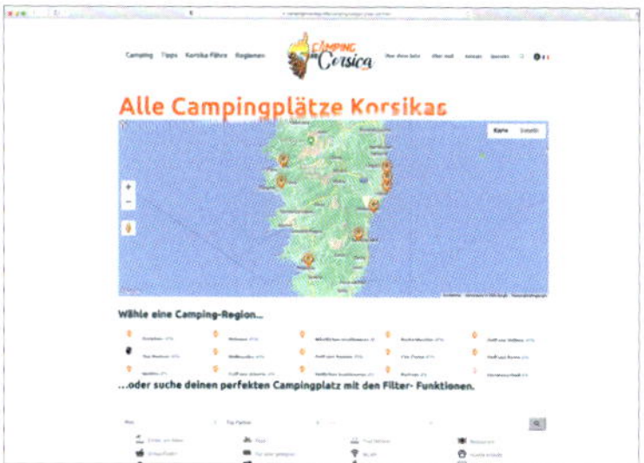


## Internet-Adressen

Martin Lendi aus der Schweiz bietet die umfangreichste und vielleicht beste Website zum Thema Urlaub auf Korsika. **paradisu.de**

Die Website des Autors mit Schwerpunkt auf Motorradfahren auf Korsika und in anderen Regionen.

**bike-and-smile.de**

Die offizielle Homepage der Agence du Tourisme de la Corse.

**visit-corsica.com**

Sehr aktives Forum zu allen Korsika-Themen in deutscher Sprache.

**korsika-forum.info**

Es gibt auch ein Übersicht der Radarfallen in Frankreich und Korsika.

**radars-auto.com**

## Im Notfall

Die zentrale Notrufnummer 112 funktioniert wie in Deutschland und ist über das Fest- und Mobilfunknetz kostenlos erreichbar. Von der Zentrale aus werden alle notwendigen Schritte initiiert und koordiniert. Größere Krankenhäuser gibt es in Ajaccio, Bastia, Bonifacio, Corte, Porto-Vecchio und Sartène.

Deutschsprachige Ärzte finden man auf der Website Doclista.

**doclista.com/deutsche-aerzte-auf-korsika**

Für technische Probleme an den Motorrädern gibt es die jeweiligen Marken- und freie Werkstätten.

**bike-and-smile.de/korsika-links**

Einer der schönsten Genuesertürme ist der Tour de Losse.

# Klein-Korsika

Die markante Landzunge ganz im Norden zeigt bereits im Kleinen, was Korsika kann. 40 Kilometer lang, zwischen 10 und 15 Kilometer breit, ist sie der ausgestreckte Zeigefinger der Insel.

Blick auf Bastias Hafen vom Serra di Pigno.

Gängige Schlagworte wie „Insel der Schönheit" oder „Gebirge im Meer" gehen uns durch den Kopf, als wir uns der Hafeneinfahrt von Bastia nähern. Vor uns reckt sich der mächtige Felskoloss des fast 1000 Meter hohen Hausbergs Serra di Pigno in ungeahnte Höhen. Davor erstrahlt die palmengesäumte Uferpromenade der zweitgrößten Stadt Korsikas in der frühen Morgensonne.

Die Place Saint Nicolas ist Bastias zentraler Treffpunkt.

Pünktlich erreicht unsere Nachtfähre den Hafen, und wir checken aus. Bevor wir uns jedoch aufmachen, das Cap Corse zu erkunden, gönnen wir uns ein Croissant-Frühstück in einem der Cafés unter Platanen entlang der Place Saint Nicolas. Der 300 Meter lange Platz im Herzen Bastias ist die zentrale Begegnungsstätte der hiesigen Einwohner. Hier finden Märkte, Konzerte und andere öffentliche Veranstaltungen statt. Aber noch herrscht beschauliche Ruhe in den frühen Morgenstunden, während wir unseren Cappuccino genießen. Bis die Stadt erwacht, sind wir bereits auf Tour.

Wir wählen statt der zur Rushhour viel befahrenen Küstenstraße D 80 die viel spannendere Ausweichroute über die Berge. Auf einer Höhe von knapp 400 Metern über dem Meer führt uns die D 31 entlang der „Corniche du Cap Corse“ über San-Martino-di-Lota zunächst durch Buschland und gibt den Blick frei auf die Dörfer im Hinterland und die Küste. Bei klarer Sicht ist sogar die Insel Elba im Hintergrund erkennbar. Wir tauchen ein in dichten Steineichenwald, der uns bis kurz vor Erreichen der Küste begleitet. In Miomo treffen wir wieder auf die Küstenstraße D 80.

Napoléon-Statue am Place Saint-Nicolas.

## Frischer Gewürzschrank

Bis nach Erbalunga säumen teure Villen die Küste. Offensichtlich lässt es sich hier gut leben. Das Wahrzeichen des herausgeputzten ehemaligen Fischerdorfs ist ein Genueserturm auf einer Felsklippe direkt am Meer. Hinter dem Ort wird es schlagartig einsam. Nur noch Kurven, Meer und Macchia. Im Frühjahr riecht das Buschwerk wie ein frisch bestückter Gewürzschrank. Es duftet nach Rosmarin, Lorbeer, Thymian und weiteren Wildkräutern, von denen bereits Napoléon Bonaparte schwärmte, er könne Korsika mit verbundenen Augen an seinem Duft erkennen. Das erscheint nicht übertrieben.

Die D 80 ist eine normalerweise stark befahrene Küstenstraße.

Drohnenblick auf den Tour de Losse.

Die Plage de Pietracorbara ist eine von mehreren Sandbuchten entlang der Ostküste. Unvermittelt taucht in freiem Gelände einer der schönsten und besterhaltenen Genuesertürme direkt an der Straße auf.

Der Tour de Losse gehörte zu einem genialen Verteidigungs- und Alarmsystem, das die damals herrschenden Genuesen im 16. Jahrhundert entlang der gesamten Küste errichteten. Er war einer von 150 Türmen, die jeweils in Sichtweite zu ihrem linken und rechten Nachbarn errichtet wurden. Besetzt waren sie in der Regel mit drei Soldaten, die im Drei-Schicht-Betrieb an der Spitze Ausschau hielten. Näherte sich ein feindliches Schiff, wurde ein Feuer auf dem Turm entzündet. Wie ein Lauffeuer wurde das Signal auf gleiche Weise an die anderen Türme weitergegeben. So konnte die Bevölkerung schnell gewarnt werden und sich im Hinterland in Sicherheit bringen. Die Eingänge zu den Türmen befanden sich auf halber Höhe. Auf Leitern bestiegen die Soldaten die

Aldilonda ist Bastias neueste Attraktion.

Türme und zogen sie danach hoch. Am Tour de Losse ist das besonders gut zu sehen.

In Santa Severa setzen wir an zum Küstenhopping und verlassen die Ostküste auf der D 180 in Richtung Luri. In langen Kurven ziehen wir auf der dicht bewaldeten Strecke unsere Bahn und schrauben uns hoch bis zum 381 Meter hohen Col de Sainte Lucie. Nach einem Felsdurchbruch empfängt uns ein fantastisches Panorama über die Westküste und das offene Meer.

## Markanter Felskegel

Einen noch besseren Blick haben wir vom Seneca-Turm aus. Dazu fahren wir an der Kapelle Santa Lucia links die Rumpelstrecke hoch bis zu einem Parkplatz. Vor uns türmt sich bereits der markante Felskegel majestätisch auf. Nach einer Viertelstunde Aufstieg ist der Tour de Sénéque erreicht.

Der Legende nach soll hier oben der nach Korsika verbannte römische Philosoph Seneca gelebt und die Damen der umliegenden Dörfer beglückt haben. Der Aus-

**AUTOREN-TIPP**

Bastias neueste Attraktion ist die Aldilonda am Ende des Alten Hafens zur Meerseite. Die modern gestaltete Fußgängerpromenade „schwebt" fünf Meter über dem Meer unterhalb der Zitadelle in einem Bereich, der bislang für Fußgänger unzugänglich war. Der romantische Weg bildet in den Abendstunden einen schönen Kontrast zum lebhaften Treiben am Alten Hafen.

**GPS 42.693132, 9.453445**

Ein beliebter Badestrand ist die Plage de Pietracorbar.

Der Col de Sainte Lucie ist 381 Meter hoch.

blick ist jedenfalls phantastisch. Er umfasst das gesamte nördliche Cap Corse. Bei klarer Sicht sind sogar die weißen Carrara-Marmor-Steinbrüche auf dem italienischen Festland erkennbar.

Hinter dem Pass geben wir uns dem herrlichen Rhythmus der D 180 bis an die Küste hin, die wir bei Pino erreichen. Nach Norden folgen wir der Küstenstraße D 80 und nehmen wohlwollend zur Kenntnis, dass sich die Westküste ganz anders präsentiert als der Osten: kurvenreicher, wilder und mit tief eingeschnittenen Buchten. In Morsiglia kehren wir wieder zurück zur Ostküste.

Die D 35 führt uns in die einsamste Gegend am Cap. Der Wald weicht allmählich der Macchia, und die unendliche Weite der Landschaft verstärkt den archaisch anmutenden Eindruck. Das einzige Dorf entlang der Strecke ist Pastina, eine ehemalige Minensiedlung, die seit der Schließung der Antimon-Mine 1917 zum Geisterdorf wurde. Ein kleines Sträßchen führt hinauf. Je näher wir der Ostküste kommen, desto mehr weicht die Macchia wieder einem Waldgebiet. Die Straße folgt dem

Kurvenreiche D 80 an der Westküste.

Meria-Bach, und bald haben wir bei Marine de Meria wieder die lieblichere Küstenvariante erreicht.

Bis Macinaggio, dem größten Ort am Cap und beliebten Freizeithafen mit einigen Lokalen und guter Infrastruktur, ist es nicht mehr weit. Kaum im Zentrum, verlassen wir auch bereits wieder die Küste in Richtung Westen. Wer direkt nach dem Spar-Supermarkt rechts abbiegt, kommt nach ungefähr einem Kilometer zur ersten der zwei schönsten Badebuchten am Cap, der Plage de Tamarone mit feinem Sand und kleiner Strandbar.

## Wie eine Schlange

Schnell tauchen wir wieder ein in die Einsamkeit und die unendlichen Weiten der Macchia. Die D 80, der wir mit wachsender Leidenschaft folgen, windet sich wie eine Schlange in der Wüste. Es geht stetig bergauf, und allmählich kommt die Nordküste in Sicht mit der vorgelagerten, markanten Île de la Giraglia, dem nördlichsten Punkt Korsikas. Die Insel ist unbewohnt und lediglich mit einem Leuchtturm bestückt.

Den höchsten Punkt erreichen wir auf 317 Metern Höhe am Col Saint Nicolas. Kurz dahinter folgt mit Botticella der erste größere Ort seit Macinaggio. Dort bauen wir eine kleine Rundfahrt zur Nordspitze ein.

Die Fahrt auf der D 33 bietet Meerblick en masse.

Steil und eng führt die D 153 bergab über Ersa nach Tollare an der Küste. Das einzig Sehenswerte ist der restaurierte Genueserturm auf einer Felsnadel. Etwas weiter hat Barcaggio immerhin mit der Plage de Barcaggio den zweiten nennenswerten Sandstrand zu bieten. An der kleinen Snack-Bar, direkt am neuen Hafen, legen wir eine Pause ein. Über die D 253 kommen wir wieder zurück nach Botticella.

Die Westküste ist am Col de la Serra erreicht. Der Wind bläst gewaltig, und wir legen am Parkplatz einen Fotostopp ein. Nach Westen entdecken wir tief unten am Meer

Die Île de la Giraglia ist Korsikas nördlichster Punkt.

das Fischerdorf Centuri-Port mit seinem prägnanten Hafen. Rechter Hand steht die restaurierte Windmühle Moulin Mattei auf einem kleinen Hügel. Von dort bietet sich der schönste Überblick am Col. Links

Malerischer Hafen im Fischerdorf Centuri-Port.

von uns stehen noch die Reste zweier alter Windmühlen. Dahinter wurde auf der Pointe de Torricella eine neue Windkraftanlage errichtet, was durchaus Sinn ergibt bei dem permanenten Gebläse. Lange halten wir den Wind nicht aus und machen uns auf zur Küste. Der Ortskern von Centuri-Port ist für den Verkehr gesperrt. Restaurants und Kneipen säumen den pittoresken Hafen, der vor allem für die Langusten-Fischerei in ganz Frankreich bekannt ist. Hier ticken die Uhren ein wenig langsamer.

Auf der D 35 kommen wir zurück zur D 80. Bis Pino winden wir uns um jede Bucht an der ausgefransten Westküste. Der Grip ist fantastisch und das Panorama über Küstenberge und Meer gewaltig. Das bleibt auch so für die nächsten 40 Kilometer. Für etwas mehr Abwechslung ziehen wir uns wieder in die Berge zurück. Die D 33 verbindet die Dörfer Torre, Conchigliu und Canari miteinander. Sie ist kaum befahren und verläuft 300 Meter über dem Meer parallel zur Küstenstraße. Die Aussicht ist phänomenal. Kurz bevor sie bei Abro wieder in die Küstenstraße einmündet, entdecken wir vor uns einen gigantischen Steinbruch und unterhalb einer riesige Fabrik direkt an der Küstenstraße. Aber etwas stimmt mit ihr nicht.

## Unheimlicher Lost Place

Es ist die ehemalige Asbestmine von Canari und ein echter Lost Place. Von 1946 bis 1965 war sie die größte ihrer Art in ganz Europa. Aufgrund erheblicher Gesundheitsprobleme bei den Mitarbeitern und in der nahen Bevölkerung wurde der Betrieb schließlich eingestellt. Über zehn Millionen Tonnen Abraum wurden in diesem Zeitraum ins Meer gekippt. Damit veränderten sie strömungsbedingt die Küstenverläufe im Süden.

Über zwölf Millionen Euro, teilweise aus EU-Geldern finanziert, flossen seitdem in die Sanierung der Anlage. Das Unterfangen dient jedoch lediglich zur Absicherung der

Anlage gegen das Abrutschen vom steilen Berghang. Die Auswirkungen bekommen wir wenige Kilometer weiter südlich zu sehen. Der graue Strand unterhalb von Nonza sieht fantastisch aus. Er ist riesig, feinkörnig und verfärbt sich schwarz bei Kontakt mit Wasser. Eigentlich der perfekte Urlaubsstrand.

Auffallend ist jedoch, dass er selbst in der Hauptsaison kaum frequentiert ist. Er besteht vollständig aus Asbestabraum und hat die Küstenlinie in 20 Jahren über 100 Meter ins Meer verlegt. Mit gemischten Gefühlen in Anbetracht der gigantischen Umweltkatastrophe erreichen wir nach einigen Kilometern die engste Stelle Korsikas, die hier nur 15 Kilometer breit ist. Wir verlassen die Westküste und drehen ab in Richtung Bastia, zurück zu unserem Ausgangspunkt.

## Weingüter entdecken

Wir kommen nach Patrimonio. Das zunächst unscheinbare wirkende Dorf ist der bedeutendste Weinort Korsikas. Nicht was die Menge betrifft, sondern die Qualität. Über 30 Weingüter mit entsprechenden Probier- und Verkaufsstellen entlang der Durchgangsstraße profitieren von bestens für den Weinbau geeigneten Böden und Hanglagen. Das lassen

Am 361 Meter hohen Col de Serra stehen die Überreste dreier Windmühlen.

Die Asbestmine von Canari war die größte ihrer Art in ganz Europa.

wir uns nicht entgehen und gehen auf Entdeckungstour.

Der höchste Punkt der Strecke ist auf 536 Metern am Col de Teghime erreicht. Unvermittelt liegt uns die Ostküste zu Füßen. Der Anblick ist atemberaubend. Wir halten an der Kanone und dem Denkmal aus dem Zweiten Weltkrieg. Es erinnert an die Schlacht gegen die deutschen Besatzer, die hier Mann gegen Mann antraten mit dem besseren Ende für die Korsen. Unsere Blicke schweifen vom Étang de Biguglia, einer Lagune mit Vogelschutzreservat, bis zur Insel Elba, die sich deutlich am Horizont abhebt. Aber es geht noch besser, was die Aussicht betrifft.

Die Idylle am Strand von Nonza trügt, er ist kontaminiert.

Kurz hinter dem Pass zweigt links eine vier Kilometer lange, schmale Stichstraße ab zum 960 Meter hohen Serra di Pigno. Nach fleißigem Gekurbel erreichen wir die Sendestation auf Bastias Hausberg. Die Aussicht ist noch gewaltiger und unverbaut. In Bastia sind Alter und Neuer Hafen tief unter uns gut zu erkennen. Außer Elba tauchen auch noch die kleineren Inseln Capraia, Pianosa und Montechristo im tiefblauen Meer auf. Nach Norden haben wir freie Sicht zum Monte Stello, mit 1307 Metern der höchste Berg am Cap.

## Mit Blick zur Küste

Immer mit dem Blick zur Küste rauschen wir beherzt in die Tiefe und erreichen alsbald die Vororte Bastias. Wir schlängeln uns durch den dichter werdenden Verkehr bis zur Place Saint Nicolas, wo wir unseren Tagesabschluss begießen.

Der Platz ist inzwischen deutlich belebter als noch am frühen Morgen. Kinder spielen vor der Napoléon Statue, die ihn als römischen Kaiser zeigt, während viele Korsen in schicken Klamotten ihren After-Work-Schoppen genießen. Aufgrund seiner zentralen Lage ist die Place Saint Nicolas ein guter Ausgangspunkt für eine Stadterkundung zu Fuß.

Parallel zur Place verlaufen der Boulevard Paoli und die Rue de Campinchi, die beiden Shopping-Meilen der Stadt. Reihenweise betreiben Modedesigner hier ihre sündhaft

Am 536 Meter hohen Col de Teghime.

teuren Boutiquen. Nach 600 Metern in südlicher Richtung durch eine Fußgängerzone ist der Alte Hafen erreicht. Hier spielt sich das Nachtleben mit jeder Menge Bars, Restaurants und Live-Musik ab.

Inzwischen ist es Abend geworden. Nachdem wir uns im Hotel frisch bemacht und umgezogen haben, lassen wir den Tag ausklingen, umgeben vom bunten Treiben am idyllischen Alten Hafen. ◄

In Patrimonio werden qualitativ hochwertige Weine produziert.

# TOUR 1 CAP CORSE

**190 km**
**5 h**
**1–2 T**

## ROADBOOK

Bastia, San-Martino-di-Lota, Erbalunga, Santa Severa, Luri, Morsiglia, Marine de Meria, Macinaggio, Ersa, Tollare, Barcaggio, Centuri-Port, Pino, Minerviu, Canari, Nonza, Patrimonio, Bastia.

## AUF DIE PÄSSE

Diese vier Pässe weist diese Etappe auf: **Col de Sainte Lucie, 381 m** (GPS 42.908937, 9.374295), **Col Saint Nicolas, 318 m** (GPS 42.969703, 9.390411), **Col de la Serra, 361 m** (GPS 42.973503, 9.367124), **Col de Teghime, 536 m** (GPS 42.677122, 9.382757).

## CHARAKTERISTIK

Die Straßen sind durchweg in gutem bis sehr gutem Zustand. Die Höhenstraße zwischen Bastia und Erbalunga umgeht die verkehrsreichen Vororte Bastias. Bis Santa Severa verläuft die Strecke direkt am Meer entlang. Völlige Einsamkeit herrscht zwischen Ost- und Westküste. Im Westen führt die Küstenstraße kurvenreich an den berühmt-berüchtigten schwarzen Stränden bei Nonza vorbei. An der schmalsten Stelle Korsikas geht es zurück nach Bastia.

## SCHAUEN

Den **Tour de Losse**, einen der besterhaltenen Wachtürme aus dem Mittelalter (GPS 42.861110, 9.480936), abhängen im beschaulichen Fischereihafen **Centuri-Port** (GPS 42.965970, 9.350714), die ehemals größte **Asbestmine** Europas und heute Lost Place bestaunen (GPS 42.820002, 9.323546), den schwarzen Geisterstrand von **Nonza** auf sich wirken lassen (GPS 42.785102, 9.344923), die Weine in **Patrimonio** probieren (GPS 42.696720, 9.363166) und die Aussicht vom **Serra di Pigno** genießen (GPS 42.694962, 9.399821).

## SCHLAFEN

Das **SUD Hotel** in Bastia liegt strategisch günstig aufgrund seiner Nähe zum Alten Hafen (GPS 42.681633, 9.443996). Neben einer kostenlosen Motorradgarage bietet es ein hervorragendes Restaurant und eine pfiffige Lounge-Dachterrasse. Wein-Liebhabern zeigt der Besitzer und Sommelier Joseph Bourgeois gerne seine Weinspezialitäten in der Hausbar. Die Zimmer sind frisch renoviert.

**sudhotel-bastia.com**

Zentraler geht es nicht. Das Hotel **Central Bastia** (GPS 42.699528, 9.449222) liegt nur wenige Meter vom Fährhafen entfernt.

**hotelcentralbastia.com**

Wer die Tour nicht in Bastia beenden möchte, findet mit dem **Camping A Stella** (GPS 42.729333, 9.341111) am feinen weißen Sandstrand Grande plage de Farinole einen tollen Platz direkt am Meer. Ein Restaurant gibt es auch.

**campingastella.com/de**

## SCHLEMMEN

Wer sich gleich einmal mit den deftigen korsischen Spezialitäten anfreunden möchte, der kommt um einen Besuch im **U Paisanu** in Bastia (GPS 42.696583, 9.451833) nicht herum. **upaisanu.com**

Frischen Fisch und schmackhafte Meeresfrüchte gibt es am Hafen von Bastia im **Chez Huguette** (GPS 42.695639, 9.449750).

**chezhuguette.fr**

# Geschichts-Spuren

Das Nebbio und die Castagniccia gehören zu den ältesten Kulturlandschaften Korsikas, deren beste Tage jedoch vorbei sind. Landschaftlich und fahrerisch bietet die Tour enorme Abwechslung und anspruchsvolle Strecken.

Panoramareich geht es durch das Nebbio zum Col de Teghime.

Das mondäne Saint-Florent ist beliebt bei den Reichen und Schönen.

Saint-Florent ist der Ausgangspunkt unserer Rundtour durch eine der einsamsten Regionen Korsikas. Das mondäne Fischerdorf beeindruckt vor allem durch die Größe seines Yachthafens. Im Hochsommer quillt der Ort aus allen Nähten. Während die Reichen und Schönen entlang der Uferpromenade flanieren, belegen ihre schicken Boote die Anlegeplätze. Diese Urlauber sind schon mal nicht auf Motorrädern unterwegs, sodass wir selbst im Hochsommer freie Fahrt durch das verlassene Hinterland genießen.

Los geht es in westlicher Richtung. Wir überqueren den Aliso-Fluss, der hauptverantwortlich ist für die Nutzbarkeit der landwirtschaftlichen Flächen im Hinterland des Nebbio. Bis zu seiner Trockenlegung im 19. Jahrhundert gab es hier ein riesiges Sumpfgebiet, in dem sich Malariamücken pudelwohl fühlten. Nach fünf Kilometern schlagen wir uns in die Berge. Eine weite Landschaft liegt vor uns, im Hintergrund die Berge, um uns herum nur Macchia, durch die sich unser einsames Sträßchen schlängelt.

## Beim Messer-Meister

Nach elf geschmeidigen Kilometern treffen wir in Santo-Pietro-di-Tenda auf die erste Besiedlung. Dort statten wir Barthélemy Benvenuti in seiner Messer-Werkstatt Nebbiu-Couteaux einen Besuch ab. Im Showroom zeigt er ein Video, wie er seine Messer herstellt. Er ist nicht sehr gesprächig, aber er nimmt sich viel Zeit, um uns seine Exponate zu zeigen und vorzuführen, indem er sich eindrucksvoll damit den Pelz vom Arm schabt. Beeindruckt entscheide ich mich schließlich für ein typisch korsisches Hirtenmesser mit echtem Horngriff.

Über Sorio und Piève kommen wir nach Murato. An der Einmündung in die D 5 steht links eine besondere, kleine Kirche. Die Èglise San Michele stammt aus dem 13. Jahrhundert und wurde schichtweise abwechselnd aus weißem Kalkstein und grünem Serpentin gebaut. Pittoresk auf einer weitläufigen, grünen Wiese platziert und mit strahlend blauem Himmel darüber, gehört sie zu den schönsten und meist fotografierten Kirchen auf Korsika.

Wir folgen dem Bevinco-Tal flussaufwärts. Hinter Murato wechseln wir auf die andere Flussseite und erklimmen den Nordwest-Hang. Wir sind umgeben von üppigem Grün, das die Region und seinen Namen dem häufigen Nebel (korsisch: Nebbiu) zu verdanken hat.

## Karge Geröllwüste

Je höher wir uns auf dem schmalen Sträßchen schrauben, desto mehr zieht sich die Vegetation zurück und gibt den weiten Blick über das Bevinco-Tal frei. Der höchste Punkt ist mit knapp 900 Metern am Col de Bigorno erreicht. Selbst die sonst so robuste Macchia hat es hier oben schwer in der kargen Geröllwüste. Hinter dem Pass öffnet sich der weitreichende Blick auf das benachbarte Golo-Tal. Am Horizont ist die

Hoch über dem Golo blickt man auf das Zentralmassiv.

Das Denkmal in Ponte Nuovo erinnert an das Ende der korsischen Unabhängigkeit.

gezackte Bergkette der Castagniccia zu sehen, unser nächstes Ziel. Doch dazu müssen wir erstmal hinunter bis zum Talgrund.

Das schmale und nicht mehr ganz taufrische Asphaltband schmiegt sich eng an den steilen Felshang. Die völlige Abstinenz jedweder Sicherheitsbarrieren am Straßenrand sorgt für ungetrübten Nervenkitzel. Über die Bergdörfer Campitello und Volpajola erreichen wir schließlich die Hauptstraße T20, die parallel zum Golo, dem längsten Fluss Korsikas, verläuft.

An der Brückenruine kämpften und verloren die Korsen gegen die Franzosen.

Nach zehn schnellen Kilometern auf der Hauptverkehrsstraße wechselt sie in Ponte Nuovo auf die andere Uferseite. Unmittelbar vor der Brücke biegen wir rechts ab, bleiben aber am Ufer bis zu einem alten, zusammengebrochenen Brückenfragment. Diese eher unscheinbare Ruine wird von den Korsen fast wie ein Heiligtum verehrt. Denn sie steht für das Ende der korsischen Unabhängigkeit anno 1769.

Am 9. Mai standen sich an dieser Stelle korsische und französische Truppen zur entscheidenden Schlacht um die Herrschaft gegenüber. Die Korsen unterlagen. Seitdem gehört die Insel zu Frankreich. Damit endete die korsische Eigenständigkeit unter der Führung von Pasquale Paoli nach gerade einmal 14 Jahren. Diese Niederlage schmerzt die Korsen bis heute. Aufgestellte Geschichtstafeln erläutern die Historie Korsikas auf sehr anschauliche Weise und sogar auf Deutsch. Auf der anderen Uferseite steht am Straßenrand ein Denkmal, das ebenfalls an das bedeutende historische Ereignis erinnert.

## Ungesicherte Straße

Wir fahren nicht mehr zurück auf die T 20, sondern machen uns wieder auf in die Berge. Über Lento kommen wir auf die D 105, eine windungsreiche Panoramastraße, die 500 Meter über dem Golo parallel zur T 20 verläuft. Leitplanken sind auch hier Fehlanzeige. Über abenteuerliche Serpentinen nähert sich das feine Sträßchen dem Talgrund allmählich wieder an.

Doch bei Ponte Leccia, dem Hauptverkehrsknotenpunkt der korsischen Eisenbahn, verdrücken wir uns gleich hinter der imposanten Brücke über den Golo wieder in die Berge und erreichen die dicht bewaldete Castagniccia. Es ist schwer vorstellbar, dass diese Region einst die am dichtesten bevölkerte war.

Das Pflanzen von Kastanienbäumen wurde im Mittelalter gefördert. Kastanienmehl war zu jener Zeit das Hauptnahrungsmittel. Heute ist alles verwildert. Einzig die frei herumlaufenden und überall gegenwärtigen Schweine halten sich gütlich an den Kastanien und festigen damit ihr legendäres Image als köstliche Fleischdelikatesse.

Die Fahrt beginnt auf einer dieser fantastischen Rock´n´Roll-Wedelpisten für die Korsika bekannt ist und ihr unter anderem den Ruf als „Insel der 10 000 Kurven" eingebracht hat. Bis Morosaglia stimmt der Rhythmus, und die Lastwechsel folgen im Sekundentakt. Morosaglia ist der Geburtsort des von den Korsen auch heute noch hoch verehrten Staatsgründers Pasquale Paoli. Er

Imposante Brücke in Ponte Leccia.

gab Korsika eine Verfassung, die den Vereinigten Staaten von Amerika als Grundlage diente, und gründete in Corte die erste Universität. Sein Geburtshaus und auch seine Grabkapelle sind als Museum am Ortsende auf der linken Seite zugänglich. Hinter Morosaglia geht es genauso kurvenreich weiter.

Wir sind von dichtem und verwildertem Kastanienwald umgeben. Lediglich am Col de Prato, dem mit 985 Metern höchsten Punkt unserer Tagesetappe, reißt der Wald kurz auf und gibt den Blick nach Norden und Osten frei auf ein riesiges und dichtes Waldgebiet, das sich bis zur Küste ausbreitet. Vereinzelte, halb

Unterwegs auf der windungsreichen Panoramastraße D 105.

Hübsch, aber verfallen präsentiert sich das Couvent d'Orezza.

verfallene Dörfer auf schmalen Bergrücken sind die einzigen Farbkleckse im grünen Farbenmeer. Dahinter verschlingt uns der Urwald wieder. Kurz vor Piedicroce taucht die Kirchenruine des Couvent d'Orezza auf der linken Seite auf. Das ehemalige Kloster hat eine bewegte Geschichte.

## Paoli und Bonaparte

Mitte des 18. Jahrhunderts war es zentraler Versammlungsort der Unabhängigkeitsbewegung. Die „Consulta" (Nationalversammlung) wählte dort Pasquale Paoli zum Oberbefehlshaber der korsischen Nationalgarde. 1735 wurde an dieser Stelle die Unabhängigkeit Korsikas ausgerufen. Später traf sich Paoli mit dem noch jungen Napoléon Bonaparte zur Vorbereitung eines Feldzugs gegen Sardinien.

Nach der Französischen Revolution diente das Kloster bis 1934 als örtliche Polizeistation. Im Zweiten Weltkrieg unterhielten die Italiener ein Munitionslager, das von der Deutschen Wehrmacht 1943 bombardiert wurde. Seitdem verfiel das Kloster. Das Gelände ist mittlerweile wegen Baufälligkeit abgesperrt. Es gibt jedoch örtliche Bestrebungen, die Ruine zu erhalten. Mal sehen, was aus der Initiative wird.

Hinter dem Col d'Arcarota gleitet unser Blick über das weitläufige Alesani-Tal. Der gleichnamige Stausee liegt uns zu Füßen. Er sichert die Wasserversorgung des Küstenabschnitts zwischen Moriani-Plage und Bravone. Je näher wir der Küste kommen, desto flacher und weitläufiger wird das Gelände. Die Ostküste bereits im Blick, erreichen wir Cervione, die ehemalige Residenz eines deutschen Adligen.

Baron Theodor von Neuhoff hörte vom Kampf der Korsen gegen die Genueser. Er versprach ihnen 1736 finanzielle und militärische Hilfe, wenn die Korsen ihn zum König krönen würden. Mit Geld, Waffen und Gefolge landete er mit einem Schiff in Aléria an und wurde der erste und letzte König von Korsika. Er residierte als Theodor I im ehemaligen Bischofspalais in Cervione. Doch bald schmolzen die Mittel in gleichem Maße dahin, wie das Vertrauen der Korsen, sodass er die Insel bereits nach nur acht Monaten wieder verließ. 1756 starb er verarmt in London.

Das Geburtshaus von Pasquale Paoli ist heute ein Museum.

## Freundliches Städtchen

Die Lage Cerviones ist fantastisch. Wie auf einer Aussichtsterrasse präsentiert sich das freundliche Städtchen 300 Meter über dem Meer mit weitem Blick über die Küstenebene. Ein idealer Platz für einen Zwischenstopp in einem der zahlreichen Bistros.

Am Ortsende verlassen wir die D 71 in Richtung San-Nicolao. Die Corniche de la Castagniccia verläuft parallel und 300 Meter oberhalb zur Küste. Zwischen zwei Naturfelstunneln tost der Wasserfall Cascade de l'Ucelluline des Bucatoggio-Baches unmittelbar neben der Straße geräuschvoll in die Tiefe. Insbesondere im Frühjahr ist das Spektakel besonders eindrucksvoll.

Wir bleiben auf der D 330, bis wir bei Folelli auf die Ostküstenstraße T 10 treffen. Da es auf Korsika keine Autobahnen gibt, ist sie die am besten ausgebaute Straße und schnellste Nord-Süd-Verbindung der Insel.

Der Stausee Barrage d'Alesani.

Oberhalb des Stausees Barrage de'Alesani verläuft eine kurvenreiche Straße.

Nach knapp vier Kilometern schlagen wir uns beim ersten Kreisel nochmal in die Büsche. Die Mikroregion Casinca schließt sich im Nordosten an die Castagniccia an. Auf kleinsten Sträßchen kurven wir durchs dicht bewaldete Hinterland mit wechselnden Fernsichten bis zur Ostküste und über das weitläufige Golo-Tal, dessen Talgrund wir uns hier erneut nähern.

Hinter Casamozza erreichen wir den Golo und folgen dem Flusslauf bis nah ans Meer. Dabei passieren wir Bastias Flughafen und kommen an einer wuchtigen Kirchenruine vorbei, vor der sogar die Straße ausweicht. Die Kathedrale war ein Bischofssitz. Die bisher freigelegten Mauerreste sind bis zu 2000 Jahre alt und gehören zur ehemaligen römischen Garnison Mariana.

Die Straße führt auf einen schmalen Sandstreifen zwischen Meer und dem Ètang de Biguglia entlang. Für Hobby-Ornithologen wurden um die Lagune Stege für Beobachtungen im Vogelschutzgebiet angelegt. Mit etwas Glück entdeckt man sogar rosafarbene Flamingos im nur 1,5 Meter tiefen Gewässer. Zum Meer hin reihen sich mehrere Ferienanlagen aneinander. Aber es gibt auch freie Zugangsstellen zum kilometerlangen, feinen Sandstrand. Wer statt im Hotel lieber im Zelt übernach-

## AUTOREN-TIPP

An einem fahrfreien Tag lohnt sich die Brauereibesichtigung von **Casa Pietra** mit Bierprobe. Neben dem Kastanienbier Pietra werden zehn weitere und äußerst schmackhafte Sorten produziert. Ohne Voranmeldung kann man im Juli und August werktags von Montag bis Freitag zwischen 9.30 und 12 sowie 14 und 17.30 Uhr vorbeischauen. Von September bis Juni nur mit Voranmeldung. **brasseriepietra.corsica**
**GPS 42.653265, 9.443270**

tet, ist auf dem Campingplatz San Damiano gut aufgehoben. Im hinteren Bereich ist eine freie Zeltwiese. Abends ein Lagerfeuer am Strand mit Blick auf die Lichter Bastias und morgens frühstücken am Meer – das hat durchaus seinen Charme.

Kurz vor der Einmündung in die Hauptstraße überqueren wir den einzigen Meerzugang zur Lagune. Wer eine Besichtigung bei Korsikas erster und beliebtester Brauerei einbauen möchte, fährt dahinter die erste Straße links und vor bis zum Fußballstadion Stade Furiani des SC Bastia. Danach rechts und hinter der KFC-Filiale gleich wieder rechts.

Auf der T 11 fahren wir ein kurzes Stück nach Süden, verlassen dann bei Casatorra die Küste und nehmen wieder Kurs auf das Nebbio. Mit jeder Kurve durch das einsame und weitläufige Bevinco-Tal gewinnen wir an Höhe. Zum Pass hin verengt es sich weiter zur Schlucht Défilé de Lancone, durch die sich die D 62 quetscht. Der fulminante Ritt endet am Col de Santo Stefano an einem Verkehrskreisel mit fünf Abgängen.

## Ins Herz des Nebbio

Wir nehmen die erste Abfahrt. Das feine Sträßchen führt uns ins Herz des Nebbio und bis nach Oletta. Der landschaftlich eindrucksvollste Abschnitt liegt nun vor uns. Das Panorama-Sträßchen am Westhang des Monte a Torre lässt unsere Blicke über die Ebene und zum Küstengebirge bis zum Golf von Saint-Florent schweifen. Die kurvige Strecke liegt in der Abendsonne und führt uns bergauf bis zum Col de Teghime, den wir bereits aus der Tour 1 kennen.

Über Patrimonio nehmen wir Kurs auf Saint-Florent. Bevor wir den Durchstich am Küstengebirge erreichen, locken mehrere Weingüter entlang der D 81 mit Direktverkauf. Besonders empfehlenswert ist das Weingut Orenga de Gaffori, das bereits etliche Preise bei internationalen Wettbewerben einheimsen konnte.

Bald darauf ist dann auch Saint-Florent wieder erreicht. Wir lassen den Tag unterhalb der Zitadelle im Restaurant La Crique in wirklich wunderbarer Lage zwischen Felsen und Meer ausklingen. ◄

Einer der Felstunnel auf der Corniche de la Castagniccia.

# TOUR 2 NEBBIO UND CASTAGNICCIA

**310 km**
**6 h**
**1–2 T**

## ROADBOOK

Saint-Florent, San-Pietro-di-Tenda, Murato, Volpajola, Lento, Ponte Leccia, Morosaglia, Cervione, Taglio-Isolaccio, Folelli, Sorbo-Ocagnano, Casamozza, Furiani, Oletta, Patrimonio, Saint-Florent.

## AUF DIE PÄSSE

Fünf Pässe weist diese Etappe auf: **Col de Bigorno, 885 m** (GPS 42.537858, 9.296245), **Col de Prato, 985 m** (GPS 42.427512, 9.331446), **Col d'Arcarota, 820 m** (GPS 42.350312, 9.383349), **Col de Santo Stefano, 368 m** (GPS 42.600476, 9.359697), **Col de Teghime, 536 m** (GPS 42.677122, 9.382757).

## CHARAKTERISTIK

Slalomfetischisten kommen bei dieser Tour voll auf ihre Kosten. Landschaftlich geht es überwiegend durch dichtes Waldgebiet. Aber auch Pässe auf fast 1000 Metern und Strandabschnitte sorgen für ein hohes Maß an Abwechslung. Die Straßen sind oft schmal und in überwiegend gutem Zustand.

## SCHAUEN

Scharfe Sachen gibt es bei **Nebbiu-Couteaux** (GPS 42.604918, 9.257958), die schönste **Kirche San Michele** fotografieren (GPS 42.585942, 9.332955), bei **Ponte Nuovo** in die Geschichte Korsikas eintauchen (GPS 42.486957, 9.280821), das **Museum von Pasquale Paoli** besuchen (GPS 42.437772, 9.309502), auf Napoléons Spuren wandeln und den Atem der Geschichte spüren am **Couvent d'Orezza** (GPS 42.382186, 9.365680), Kaffee trinken mit Meerblick in der **Königsresidenz Cervione** (GPS 42.330902, 9.491405), prämierte Weine probieren und einkaufen bei **Orenga de Gaffory** (GPS 42.695016, 9.349807).

## SCHLAFEN

Das **Hotel Tettola** bei Saint-Florent liegt direkt am Meer, 1,4 Kilometer vom Zentrum an der Ausfallstraße nach Bastia (GPS 42.689270, 9.315744). Pool und Terrasse mit Meerblick. Reichhaltiges Frühstücksbuffet sowie geräumige, moderne Zimmer, Privatparkplatz fürs Motorrad. **hoteltettola.com**

Zentral zum Ortskern und Hafen von Saint-Florent gelegen bietet das **Hotel Flor** (GPS 42.680300, 9.303111) neben privaten Parkplätzen auch eine kleine Motorradgarage sowie ein üppiges Frühstücksbuffet. **hotel-flor.com**

Einen erholsamen Urlaub verbringt man auf dem Campingplatz

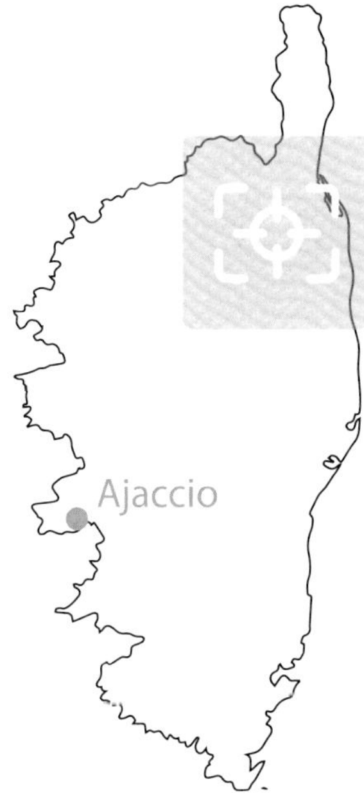


**Camping d'Olzo** (GPS 42.693306, 9.325194) in der Bucht von Saint Florent, 21 Kilometer vom Hafen in Bastia entfernt. **campingolzo.com**

## SCHLEMMEN

Die Rue Furnellu am Yachthafen ist die lokale Fressmeile von Saint-Florent. Hier findet jeder etwas, ganz nach Lust, Laune und Geldbeutel. Besonders charmant wird frische mediterrane Küche im **L'Olivier** (GPS 42.680611, 9.300167) serviert. **restaurant-lolivier.fr**

Genau auf der Etappenmitte am Col d'Arcarota stopft die **Auberge des Deux Vallées** (GPS 42.350312, 9.383349) stets zur Mittagszeit hungrige Mäuler. An frischeren Tagen wärmt zudem der Kamin.

Die Paoli-Hochstraße bietet in ihrem Verlauf tolle Panoramen.

# Der Garten Korsikas

Die nördliche Balagne fertile ist eine der vielfältigsten Regionen Korsikas. Herausgeputzte Bergdörfer, weitläufige Sandstrände und raue Felsküsten finden sich ebenso wie steile Bergpässe und idyllische Flusstäler.

Wie zu Beginn jeder Tour betanken wir auch in Calvi unsere Motorräder am frühen Morgen. Auf der gegenüber liegenden Straßenseite befindet sich eine Kaserne der Fremdenlegion. Dort ist eine Fallschirmspringereinheit stationiert. Die werden wir später noch hoch am Himmel sehen, wenn sie aus der Militärmaschine springen, die vom nahe gelegenen Flughafen aus startet.

Am Boden fühlen wir uns wohler und starten gleich am ersten Kreisel nach Calenzana. Beim Warmlaufen sind wir erstmal noch nicht gefordert. Die Straße führt nahezu bolzengerade auf die vor uns liegende Bergkette des Monte Grosso-Massivs zu. Vorbei an eingezäunten Plantagen erreichen wir die ersten Gebirgsausläufer im berühmten Bergdorf. Hier beginnt der legendäre Fernwanderweg GR 20, der quer über die Insel am zentralen Gebirgskamm entlang führt und für Trainierte nach etwa 15 Marschtagen in Conca im Südosten endet. Deshalb sind auch einige Shops im Ort auf Bergsport eingestellt. Auf den Straßen entdecken wir schwer bepackte Bergfexe, die uns später nochmal begegnen werden. Die Straße wird allmählich kurviger und interessanter.

Über Zilia, wo auch das gleichnamige Mineralwasser herkommt, und Montemaggiore nehmen wir Anlauf auf die 508 Meter hohen Bocca di Salvi. Die Gärten haben wir hinter uns. Die uns umgebende Macchia macht den Blick frei über die Ebene bis zur Bucht von Calvi.

Der Aussichtspunkt an der Paoli-Hochstraße bietet freie Sicht über das Regino-Becken.

Das Bergdorf Speloncato thront spektakulär auf einem Felssporn.

Über den Verkehrsknotenpunkt Cateri gelangen wir nach Feliceto. Im unscheinbaren Ort gibt es eine Glasbläserei. Mit etwas Glück kann man David Campana bei der Arbeit zusehen. Ein kleiner Shop ist ebenfalls angeschlossen.

Die sich anschließende Paoli-Hochstraße ist eine der schönsten Panoramastraßen in der Balagne und führt in aussichtsreicher Halbhöhenlage um das fruchtbare Regino-Becken herum. Zentraler Blickfang ist dabei der Stausee Barrage de Codole, der die Wasserversorgung in der Region absichert. Das spektakulär auf einem Felssporn erbaute Bergdorf Speloncato kommt in Sicht. Die mächtige Felswand dahinter gilt es für uns zu erklimmen. Etappenziel ist die 1101 Meter hohe Bocca di a Battaglia. Entsprechend spektakulär führt die D63 nach oben. Der Pass gehört zum Monte Grosso-Massiv, und nicht selten hängen sich hier die Wolken fest. Aber wir haben Glück. Der Pass empfängt uns mit schönstem Wetter.

## Umwerfende Aussicht

Die Passkneipe A Merendella zieht uns magisch an. Innen ist sie wirklich urig eingerichtet, aber auf der Außenterrasse ist die Aussicht einfach umwerfend. Wir blicken direkt hinunter zum Hafen von L'Île-Rousse, als gerade eine Fähre einläuft.

Kulinarische Pause am Bocca di a Battaglia.

Hinter uns ragt der schneebedeckte Monte Padro majestätisch empor. Er ist nur einer von 200 Gipfeln über 2000 Meter. Korsika wird gerne als „Gebirge im Meer" beschrieben. Und an diesem idyllischen Platz wird das besonders eindrucksvoll bestätigt. Wer sich auch ein bisschen im Schotter austoben möchte, findet dazu hinter dem Haus erstklassige Möglichkeiten. Bis zur Bocca di u Prunu führt eine Piste direkt am Grat entlang.

Mit Blick auf den markanten Monte Padro tauchen wir gut gesättigt ein in den Wald von Olmi-Cappella, der bald wieder der herrlich nach Kräutern duftenden Macchia den Platz frei macht. Die uns umgebende Hügellandschaft erinnert in seiner Kargheit ein wenig an die schottischen Highlands. Ein Highlight ist für uns die Kirchenruine San Francesco de Caccia aus dem 16. Jahrhundert bei Castifao.

**AUTOREN-TIPP**

Aufgrund von Wassermangel verließen die Einwohner das **Bergdorf Occi**, oberhalb von Lumio gelegen, bereits 1914. Es wurde über die Jahrzehnte ein Lost Place. Die Häuser sind mit einer Ausnahme weitgehend verfallen. Einzig die Renovierung der Kirche war eine Herzensangelegenheit der Schauspielerin Laetitia Casta. Ihr Vater stammt aus Lumio. Immer an Pfingsten findet seither eine große Wallfahrt ins Bergdorf statt.

**GPS 42.584511, 8.839507**

Das Besondere an ihr ist der schaurig-schöne Friedhof darin. Ein Blick durch das vergitterte Hauptportal sorgt für Gänsehaut. Durch die löchrige Decke beleuchten Sonnenstrahlen wie Spots einzelne Kreuze, die teilweise schon über 150 Jahre alt sind. Auf den Gräbern wächst Unkraut, der Altar ist weitgehend verfallen, und alles sieht sehr morbid aus. Die Klosterkirche wurde im Zuge der Französischen Revolution zerstört und nicht mehr restauriert. Auf dem außen liegenden Friedhof war bald kein Platz mehr, und so wurde begonnen, das Innere der Kirche für neue Gräber zu nutzen. Ein wahrlich schauerlicher Anblick!

Schauriges gibt es in der Kirchenruine San Francesco zu entdecken: einen Friedhof im Gebäude!

Ein weiteres Highlight erwartet uns auf den nächsten 30 Kilometern, denn ungefähr so lang ist das alpin anmutende Asco Tal, das zu den schönsten der Insel gehört. Der flache Abschnitt ist recht unspektakulär, aber das ändert sich bald. Die Straße verläuft direkt am Fluss entlang, die Felsen verengen sich zu einer Schlucht. Es finden sich immer wieder Bademöglichkeiten in den

Feines Kurvengeschlängel im Asco-Tal.

Die schönste Badestelle des Asco liegt unter einer Brücke.

Flussgumpen. Nirgendwo sonst in Europa kann man bei erträglichen Temperaturen so unbedenklich in glasklarem Gebirgswasser baden. Eine der schönsten Badestellen befindet sich am Ortsausgang von Asco, der einzigen Siedlung im Tal. Eine steile Asphaltstraße führt hinunter zum Fluss. Eine alte Genueserbrücke bildet den monumentalen Rahmen. Darunter ist eine riesige, mehrere Meter tiefe Badegumpe. Bei Niedrigwasser kann man sich ein exklusives Liegeplätzchen am sandigen Ufer suchen. Dazu Bachrauschen, Vogelgezwitscher und Kieferduft. Der Tag ist gerettet.

Hinter Asco wird es noch alpiner. Der Nadelwald wird dichter. Immer mehr, oft bis in den Frühsommer schneebedeckte Bergspitzen rücken ins Bild. Endstation ist auf 1410 Metern am Skigebiet Haut-Asco mit zwei Liftanlagen.

Wir begnügen uns mit einem Capuccino auf der Sonnenterrasse des Bistros Le Chalet mit Blick auf

Eine sonnige Cappuccino-Pause bietet sich im Skigebiet rund um den Monte Cinto an.

Dieses Auto hat wohl jemand schon vor längerer Zeit im Hinterland von Novella vergessen.

den Monte Cinto, mit 2706 Metern der höchste Berg Korsikas. Von hier aus kann der Berg auch auf einer zehnstündigen Route bestiegen werden. Eine ebenfalls traumhafte Wanderung führt in nur fünf Stunden hinter dem Chalet den steilen Felshang hoch, dann am Grat entlang und über den Skihang zurück. Tipps dazu geben der Hüttenwirt oder die zahlreichen GR20-Wanderer.

Zurück geht es auf dem gleichen Weg bis zur Einmündung in die T 30, auch La Balanina genannt. Sie ist die schnellste und am besten ausgebaute Straße auf Korsika. Wir verlassen sie jedoch bereits nach vier Kilometern, um auf Nebenstraßen in herrlicher Halbhöhenlage durch das flache und weitläufige Ostriconi-Tal zu cruisen. Dabei überqueren wir die Balanina und fahren über die Dörfer Pietralba und Lama. Das schmale Sträßchen windet sich durch die Macchia und an Gärten vorbei bis nach Urtaca.

## Einsamkeit pur

In diesem vergessenen Weiler nehmen wir wieder Kurs auf die Balanina und überqueren sie nach 800 Metern. Auf der anderen Talseite arbeiten wir uns allmählich nach oben. Hier ist noch weniger los. Nur Macchia, aber dafür ein perfektes Sträßchen bis nach Novella, dem einzigen Dorf weit und breit. Außer einer kleinen Bar hat der Ort nichts

Die flache Kuppe des Col de Colombano auf 692 Metern bietet einen tollen Blick auf die Küste.

zu bieten. Dahinter wird es steiler, unsere Straße abenteuerlicher und das Panorama phänomenaler. Die Bahnlinie schließt zur Straße auf, beide scheinen die Ideallinie durch das hügelige Wirrwarr zu suchen. Über die Bocca à Croce wechseln wir ins San Colombano-Tal und auf die alte Hauptverkehrsstraße RT 301.

Kaum zu glauben, dass vor dem Bau der Balanina der Schwerlastverkehr über diese schmale Straße lief. Uns kann es nur recht sein, so haben wir freie Bahn. Der Grip ist fantastisch, die lang gezogenen Kurven lassen die Drehzahlen ansteigen.

Die karge Landschaft fliegt vorbei. Bald ist die flache Kuppe des Col de Colombano auf 692 Metern erreicht. Noch einmal liegt uns die Balagne zu Füßen. Weit reicht unser Auge bis zur Küste und den Ausläufern der Désert des Agriates, die sich nördlich an die Balagne anschließen.

Bis zur Küste geht es nun stetig bergab. Die Straße bleibt griffig. Belgodere ist der Hauptort an der Strecke mit einem hübschen Marktplatz, der mit seinen Cafés zum Verweilen einlädt. Wir ziehen jedoch weiter bis nach Lozari. Hier mündet der Regino-Fluss ins Meer und hat einen breiten Sandstrand an der Küste angelegt. Nochmal eine gute Gelegenheit zum Baden. Denn westlich erwartet uns erstmal nur Felsküste.

Dieser Streckenabschnitt ist der windigste. Stellenweise fällt es schwer, sich auf der bestens ausgebauten Küstenstraße gerade zu halten.

## Markante rote Felsen

L'Île-Rousse, benannt nach den markanten roten Felsen an der Küste, steht als nächstes im Plan. Auch wenn man es ihr nicht ansieht, es ist die jüngste Stadt Korsikas. Das einstige und unbedeutende Fischerdorf wurde 1758 von Pasquale Paoli zum Kriegshafen ausgebaut, um von dort aus Angriffe auf die genuatreuen Städte Algajola und Calvi zu starten. Heute ist es ein mondäner Badeort, der im Sommer aus allen Nähten platzt. Die schachbrettartig angelegten Straßen im Zentrum zeugen noch von der jungen Stadtgeschichte. Leider hat man damals nicht an den heutigen Verkehr gedacht. Und leider heute immer noch nicht. Deshalb staut es sich hier immer, sodass wir uns schnell vom Acker machen.

Über die östlichen Vororte suchen wir wieder die Höhe und gelangen so über Monticello nach Corbara. Die Häuser und Vorgärten sind gepflegt und die Besiedlung relativ dicht. Von marodem Charme, der oftmals korsische Bergdörfer umgibt, ist hier nichts zu spüren.

Die Balagne profitiert stark vom Tourismus. So auch Guy Savelli mit seinem „Petit musée" in Corbara. Seit über 20 Jahren begeistert er mit einem skurrilen Privatmuseum in seiner Wohnung inmitten eines Wohnkomplexes. In vielen Jahrzehnten sammelte er historische Möbel, Musikinstrumente, Waffen, Schriftstücke aus der Zeit der korsischen Unabhängigkeit und alte Ansichtskarten. Teilweise sind sie von hohem historischen Wert.

Auf so manche Frage, wo er sie denn her habe, antwortet er lediglich mit einem verschmitzten Grinsen. Insgesamt ist das Ganze eine etwas sonderbare Zusammenstellung, aber irgendwie auch ziemlich liebevoll gemacht. Er verlangt keinen Eintritt, freut sich aber sehr über eine freiwillige Gabe in eine nicht zu übersehende Spendenbox direkt neben dem Ausgang.

## Ins Künstlerdorf Pigna

Die Attraktionen folgen Schlag auf Schlag. Nach wenigen Kilometern zweigt rechts eine Stichstraße ab bis zu einem zentralen Parkplatz im Künstlerdorf Pigna. Wer noch ein Mitbringsel für die Lieben daheim sucht, ist hier genau richtig. Überall entdecken wir kleine Werkstätten

Im Künstlerdorf Pigna kann man der Entstehung feiner Keramiken beiwohnen.

und nett ausgestattete Boutiquen mit Glas-, Keramik- und Holzartikeln, Schmuck und Musikinstrumenten. Dazwischen auch mal ein Café. Ein idyllischer Ort zum Verweilen.

Das Ganze geht auf die Corsicada-Initiative in den 1960er Jahren zur Rettung des korsischen Kunsthandwerks zurück. Pigna gilt als Zentrum der Bewegung. Es siedelten sich immer mehr Künstler an. Uns freut es, denn wir werden fündig.

Am nächsten Abzweig nach links folgen wir der Beschilderung nach Sant'Antonino. Auf einem freistehenden Felskegel thront das Dorf wie ein Adlerhorst. Oben angekommen parken wir ebenfalls vor den Häusern auf einem zentralen Parkplatz, denn auch Sant'Antonino ist Fußgänger-

Sant'Antonino thront einem Adlerhorst gleich auf einem freistehenden Felskegel.

Occi ist heute nur noch ein Geisterdorf.

zone. Ein Gang durch die Gassen eröffnet immer wieder traumhafte Aussichten in alle Richtungen.

Das Highlight wartet unten am Parkplatz. Dort betreibt der Winzer und Zitrusplantagenbesitzer Olivier Antonini einen Weinkeller und eine Saftbar. Sein Zitronensaft aus frischen Früchten und eigenem Anbau ist legendär. Meistens bedient seine Mutter Monique die Saftpresse wie am Fließband. Ein Glas wirkt sofort wie eine Hallowach-Bombe und ist bereits dafür die Anreise wert.

## Name ist Programm

Auf dem Weg zurück nach Calvi genießen wir noch einmal die Aussicht über die Küstenebene und zum Meer. Auf der Strecke von Cateri nach Lumio kommen wir am empfehlenswerten Campingplatz Le Panoramic vorbei. Der Name ist Programm. Der Platz ist gepflegt, schattig und in Terrassen angelegt. Neben einem Pool gibt es auch Chalets zum Mieten.

Schräg gegenüber auf der anderen Straßenseite führt ein kleiner Trampelpfad in 30 Minuten und mit moderatem Aufstieg zum Geisterdorf Occi. Die Lage ist fantastisch auf einem Felsporn direkt über der Küste und dem Ort Lumio.

Wir folgen der D71 weiter zur Küste und stoßen bei Lumio auf die T30, die uns zurück nach Calvi bringt. Abends treffen wir Anja und Stefan, die auf Korsika leben und uns in die bei Korsen sehr beliebte Pizzeria Pizzanotte an der D81 einladen. ◄

# TOUR 3 NÖRDLICHE BALAGNE UND ASCO-TAL

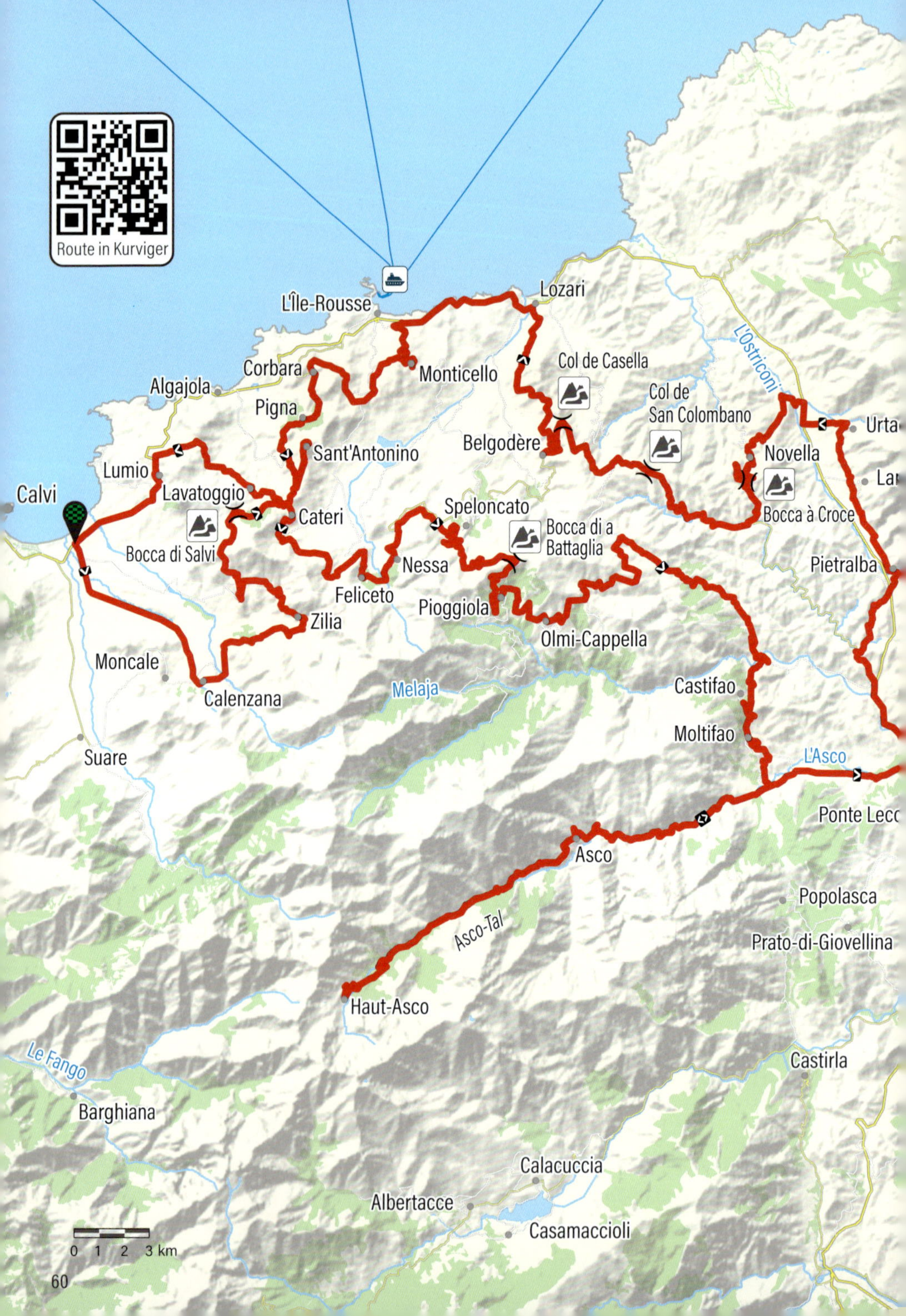

**235 km**
**4,5 h**
**1–2 T**

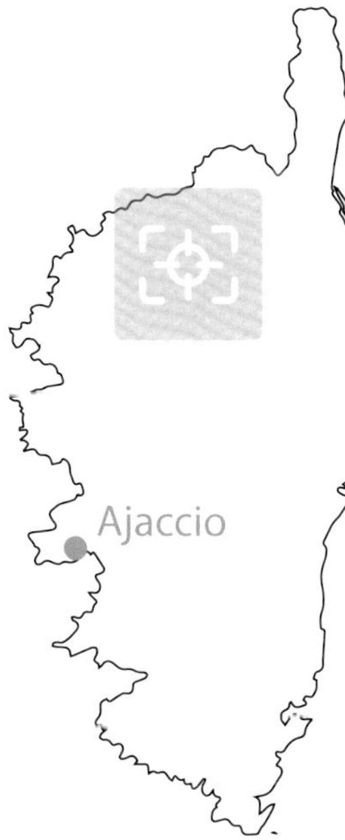


## ROADBOOK

Calvi, Calenzana, Cateri, Feliceto, Speloncato, Olmi-Capella, Moltifao, Asco, Haut-Asco, Pietralba, Novella, Belgodère, Lozari, L'Île-Rousse, Monticello, Corbara, Pigna, Sant'Antonino, Lumio, Calvi.

## AUF DIE PÄSSE

Fünf Pässe weist auch diese Etappe auf: **Bocca di Salvi, 508 m** (GPS 42.566339, 8.869826), **Bocca di a Battaglia, 1101 m** (GPS 42.549554, 9.005001), **Bocca à Croce, 508 m** (GPS 42.578488, 9.115782), **Col de Colombano, 692 m** (GPS 42.579509, 9.069960), **Col de Casella, 391 m** (GPS 42.597041, 9.026572).

## CHARAKTERISTIK

Die aussichtsreiche Tour führt über viele Höhenstraßen und Pässe mit guter bis sehr guter Straßenqualität. Auch für Freunde des gepflegten Schotterns ist etwas dabei. Landschaftlicher Höhepunkt ist das hochalpine Asco-Tal inmitten der höchsten Berge Korsikas. Kulturell hat die Balagne einiges zu bieten, für das es sich lohnt, die Maschine auch mal stehen zu lassen.

## SCHAUEN

An der Bocca di a Battaglia im **A Merendella** einkehren (GPS 42.549392, 9.005662), Gänsehaut fühlen an der Kirchenruine **San Francesco de Caccia** bei Castifao (GPS 42.496821, 9.116337), im **Asco** baden gehen (GPS 42.446598, 9.031332), Guy Savellis **Petit Musée** besuchen (GPS 42.614973, 8.905735), in **Pigna** Mitbringsel einkaufen (GPS 42.598938, 8.902802), bei **Olivier Antonini** Zitronensaft trinken (GPS 42.589637, 8.905983).

## SCHLAFEN

Mitten in Calvi und direkt an der Zitadelle befindet sich das **Hotel Belvedere** (GPS 42.567949, 8.758348). Damit ist es ideal für Streifzüge durch die Stadt gelegen. Die Zimmer sind modern eingerichtet. Gegen Aufpreis können die Motorräder in einer verschlossenen Garage abgestellt werden.

**belvedere-calvi-hotel.com**

Wer sich im Urlaub auch mal was gönnen möchte, sollte es sich im **Hôtel L'Abbaye** (GPS 42.563861, 8.754270) gemütlich machen. Auch wenn es etwas hochpreisiger ist, so sind Lage, Ausstattung und Service es wert. **hotel-abbaye-calvi.fr**

Ein Campingplatz mit Chalets, Mobilheimen und sogar lauschigen Zigeunerwagen sowie Restaurant in unmittelbarer Strandnähe, ist **La Pinède** (GPS 42.553083, 8.767750).

**camping-calvi.com**

## SCHLEMMEN

Etwa zehn Kilometer vom Zentrum Calvis nach Süden befindet sich die bei den Einheimischen überaus beliebte **Pizzeria Pizzanotte** unmittelbar an der D 81 (GPS 42.499, 8.793), aber leicht zu übersehen.

**pizzanotte.net**

Wer lieber in Calvi bleibt, findet gleich am Hafen zahlreiche Lokale, darunter auch das immer gern empfohlene **Captain' Resto** (GPS 42.565472, 8.757000). Das Menu Corse ist für seine drei Gänge preiswert, die Muschelgerichte ein Gedicht. **captainresto.fr**

Die Straße verläuft oberhalb der spektakulären Steilküste im Golf von Porto.

# Auf einsamen Pfaden

Im Gegensatz zur nördlichen, äußerst fruchtbaren und dicht besiedelten Balagne fertile, verkörpert die südliche Balagne deserte das genaue Gegenteil. Sie birgt Geheimnisse und bietet in grandioser Umgebung Kurven satt.

Berge und Meer: Porto mit Hausberg Capo d'Orto.

Porto ist der Hauptort im tief eingeschnittenen und vielleicht schönsten Golf der Insel. Wie gemalt präsentieren sich die rotbraun gemauerten Häuser im Einklang mit den sie umgebenden Felsen aus rötlichem Granit. Am Fuße eines weit ins Meer ragenden Felsriffs mündet der gleichnamige Fluss ins tiefblaue Meer. Auf dem Riff thront einer der seltenen eckigen Genuesertürme. Umgeben ist der Ort von steilen Felswänden, die bis zu fast 1300 Metern aufragen.

Erfreulicherweise gehört die Region zum UNESCO-Weltnaturerbe. So wird sichergestellt, dass die wunderbare Natur erhalten bleibt und der Tourismus nicht überhandnimmt.

Wir starten an diesem zauberhaften Ort in Richtung Norden. Auf dem Weg zur ersten Passhöhe zeigt sich Porto von seiner schönsten Seite.

## Markanter Gipfel

Nirgendwo verdient Korsika seine Bezeichnung „Gebirge im Meer" mehr als hier: Unterhalb der Küstenstraße liegt Porto mit seinem Turmfelsen, dem breiten Kiesstrand und dem geschützten Eucalyptuswald, direkt dahinter der majestätisch aufragende, 1294 Meter hohe Hausberg Capo d'Orto mit seiner markant gezackten Gipfelstruktur. Was für ein spektakuläres Szenario!

Und es kommt noch besser! Kaum aus dem Ort heraus beginnt der wildeste Steilküstenabschnitt. Nahezu senkrecht abfallende Felswände lassen nur wenig Platz für die schmale Straße, die sich halsbrecherisch um die teils überhängenden Granitfelsen windet. In der Tiefe leuchtet der goldgelbe und bei Schnorchlern beliebte Kiesstrand der Plage de Bussaglia.

Ein Genueserturm wacht über den Golf von Porto.

Die Abfahrt erfolgt nach einigen hundert Metern über eine Stichstraße. Hinter der Steilküste dreht die D 81 ins Hinterland. Die Straße wird breiter, bleibt hervorragend ausgebaut und herrlich kurvig. Jede Felsenbucht wird genüsslich ausgefahren, und wir swingen uns in den richtigen Rhythmus. Partinello, einer der wenigen Orte entlang der Strecke, empfängt uns mit einer imposanten Eucalyptus-Baumallee. Manche Stämme haben einen Durchmesser von über zwei Metern.

Am Col de la Croix erreichen wir den Golf von Girolata. Der gleichnamige Ort an der Küste besitzt keine Straßen und kann nicht auf dem Landweg angefahren werden. Man erreicht ihn nur auf dem Seeweg, zum Beispiel mit einem der zahlreichen Ausflugsboote, die von Porto und Cargèse aus ablegen, oder zu Fuß. Dafür steht ein großer Wanderpark-

Bei einer Fahrt durch eine solche Kulisse kommt viel Freude auf.

Imbiss mit Aussicht am Col de la Croix.

platz am Pass zur Verfügung – und eine Imbiss-Baracke.

## Politische Grenze

Bis zum Col de Palmarella auf 408 Metern gibt die niedrig wachsende Macchia immer wieder den Blick frei auf den wunderschönen Golf und Girolata. Der Pass ist gleichzeitig politische Grenze zwischen den Départements Haute-Corse und Corse-du-Sud, Wasserscheide und Übergang ins weitläufige Tal des Ruisseau de Canne.

Unsere Blicke wenden sich ab von der Küste, und wir sehen unendliche Weiten. Keine Besiedlung, nur Horizont und Kurven, viele Kurven! Mehrere Höhenzüge gehen ineinander über. Wie ein braun-gelbes Band hebt sich die in den Fels gesprengte Straße über Kilometer hinweg deutlich vom grünen Machiateppich ab und zeigt uns den weiteren Weg. Bis zum Erreichen des Fango-Tals jagt ein Lastwechsel den nächsten. Gerade Straßenabschnitte? Fehlanzeige! Ein Schnitt von mehr als 40 km/h ist kaum möglich.

Nach elf Kilometern und wildem Ritt erreichen wir den Fango. Bevor wir unsere Fahrt nach Norden fortsetzen, gönnen wir uns einen Abstecher in eines der schönsten Flusstäler Korsikas und biegen rechts ab auf die D 351. Sofort sticht uns das gewaltige Gebirgs-Bollwerk des Zentralkamms ins Auge, auf das wir direkt zufahren. Wir blicken auf einige der höchsten Berge Korsikas, auf denen bis in den späten Frühling noch Schnee liegt. Sie sind allesamt über 2000 Meter

**AUTOREN-TIPP**

Das Restaurant und Eiscafé **Le Palmier** ist unterhalb des Genueserturms in Porto direkt an den Felsen gebaut und besticht vor allem durch seine Lage und seine geschmackvolle Gestaltung. Die besten Plätze sind auf der Nordseite ganz hinten. Man sitzt unter einem Bambusdach direkt über dem Meer mit Blick über die gesamte Nordflanke des Golfs. Ohne Voranmeldung von April bis Oktober Mo-So von 10-01:30 Uhr.

**lepalmierporto.com**
**GPS 42.267596, 8.692989**

hoch. Allen voran der 2525 Meter hohe Paglia Orba mit seiner markanten Steilwand, auch das Matterhorn Korsikas genannt.

Bereits nach 1500 Metern haben wir an der alten Brücke Ponte Vecchiu die erste Möglichkeit zum ausgiebigen Flussbaden. Der Fango ist unter der Brücke mehrere Meter tief und zieht sich wie ein Schlauch durch die Schlucht. Das Wasser ist glasklar mit leichtem Grünschimmer und im Vergleich zu anderen Flüssen sehr warm. Eine gechillte Musik-Bar und ein Restaurant runden das Badeerlebnis ab. Weitere und einsamere Badestellen kommen auf der insgesamt elf Kilometer langen Stichstraße hinzu. Sie endet in Monte Estremo in einem Talkessel, von dem es nur

Fahrspaß pur am Col de Palmarella.

noch zu Fuß weitergeht: hoch zum Hauptgebirgskamm.

Zurück an der D 81 überqueren wir die fünfbogige Steinbrücke Pont-de-cinque-arcate über das an dieser Stelle 130 Meter breite Fango-Flussbett. Am Ende der Brücke gibt es genau zwei Wege, um nach Calvi zu gelangen. Wir wählen beide: den

Die alte Brücke Ponte Vecchiu im idyllischen Fango-Tal.

Die Pont-des-cinq-arcades überspannt das 130 Meter breite Fango-Flussbett.

spektakuläreren für die Hin- und den schnelleren für die Rückfahrt.

Zunächst biegen wir links ab auf die D 81B. Die Straße wird schmaler und rumpeliger und bleibt ultrakurvig. Gerade Abschnitte sind die Ausnahme. Unsere Blicke schweifen über die raue und unzugängliche Felsküste. Die nächste Bademöglichkeit im Meer bietet sich erst wieder bei Argentella in der Bucht von Crovani. Der Strand besteht ausschließlich aus bis zu handtellergroßen Kieselsteinen und ist kaum frequentiert. Eine neue, breite Schotterpiste führt hinunter zu einem Parkplatz.

Le Prince Pierre ist ein empfehlenswerter Pausenstopp.

## Düsteres Schicksal

Im Hintergrund erhebt sich der Capo di l'Argentella, dem vor 60 Jahren ein düsteres Schicksal drohte. Auf der gegenüberliegenden Straßenseite entstand 1870 eine Silber- und Bleimine, in der bis 1930 Erz abgebaut wurde. Die Fabrikruinen sind noch sichtbar, der zur Auswaschung des Erzes angelegte Stausee ist über einen Feldweg erreichbar. Seine Staumauer gilt als sanierungsbedürftig. Deshalb musste auch ein beliebter Campingplatz unterhalb der Straße dicht machen.

1960 erwog die französische Regierung ernsthaft, in den alten Minenschächten Atombomben-Versuche durchzuführen. Erst nach massiven Protesten der korsischen Bevölkerung und nach Sabotagen gab die

Regierung schließlich ihren Plan auf und verlagerte ihre Versuche nach Mururoa im Pazifik. Nicht auszudenken, was das für Europa bedeutet hätte, wenn die Korsen nicht so wehrhaft gewesen wären.

Wenige Kilometer weiter legen wir einen Stopp in der sehr empfehlenswerten Pizzeria Le Prince Pierre ein. Wir sind neugierig und fragen wegen des etwas sonderbaren Namens der Pizzeria in dieser gottverlassenen Gegend nach. Der nette Patron zeigt auf den gegenüberliegenden Hügel und eine auffällige Palastruine in Toplage. Es ist das Château de Calenzana, das von Pierre-Napoléon Bonaparte, einem Neffen des berühmt-berüchtigten Kaisers, zwischen 1850 und 1852 erbaut wurde. Der Prinz war ein schwarzes Schaf der Familie und stand sogar unter Mordverdacht. Er lebte bis 1870 auf Korsika.

Das Gebäude wechselte nach seinem Wegzug mehrfach den Besitzer. Seit den 1970er Jahren steht es leer und verfällt. Neugierig geworden, sehen wir uns die Schlossruine einmal genauer an. Über einen Feldweg kommen wir an Weinbergen vorbei schnell hinauf. Die Ausmaße sind beeindruckend, aber alles ist sehr einsturzgefährdet. Doch die Lage ist fantastisch.

Auf der Weiterfahrt zeigt die Insel wieder ihr raues und wildes Gesicht. Die Straße führt weiter an der menschenleeren Steilküste entlang. Riesige Wellen rauschen heran und

Die Straße führt zur 443 Meter hohen Bocca di Marsolinu.

zerbersten mit Macht an den unzugänglichen Felsen.

Allmählich rückt Calvis vorgelagerte Halbinsel Revellata ins Blickfeld, an deren Ende sich ein Leuchtturm befindet. Über eine Schotterpiste war dieser bis vor wenigen Jahren erreichbar. Heute ist diese Möglichkeit genommen durch eine Absperrung. Stattdessen steuern wir die Wallfahrtskapelle Notre Dame de la Serra an.

## Bester Blick auf Calvi

Die etwas abenteuerliche Asphaltstraße über Stock und Stein endet direkt an der Kapelle. Ein idealer Platz für ein Picknick mit dem besten Blick auf Calvi mit seiner wuchtigen Zitadelle, die Bucht mit dem kilometerlangen Sandstrand und dem majestätisch aufragenden Monte Grosso-Gebirge dahinter. Wieder zurück auf der D 81B erreichen wir bald Calvi, eines der touristischen Zentren Korsikas.

Die Stadt begrüßt ihre Besucher als angebliche Geburtsstadt des Entdeckers Christoph Kolumbus. Tatsächlich ist sein Geburtsort nicht geklärt. Historisch wird er als Genueser geführt, da Calvi in seinem Geburtsjahr 1451 zur Republik Genua gehörte.

Wir steuern direkt auf die riesige und sehenswerte Zitadelle aus dem

Den besten Blick auf Calvi hat man von der Wallfahrtskapelle Notre Dame de la Serra.

Entlang der einsamen Felsküste geht es nach Calvi.

15. Jahrhundert zu. Die Oberstadt innerhalb der intakten Stadtmauer ist ein buntes Gassengewirr mit tollen Ausblicken auf die Unterstadt und die weitläufige Bucht. Calvi hat eine beliebte Fußgängerzone entlang der Rue Georges Clemenceau. Abendliche Flaniermeile ist der Quai Adolphe Landry am Jachthafen mit Shops, Restaurants und Musikbars.

## Ins Marsolino-Tal

Wir folgen der Küstenstraße T 30 in Richtung Flughafen, biegen rechts ab und verlassen das Meer. Die Straße führt direkt am Flughafen entlang. Calvi ist der beliebteste Ferienflughafen der Insel. Dahinter wird es schnell ruhiger. Die Straße knickt nach rechts ab und bringt uns zügig in schnellen Kurven zur 443 Meter hohen Bocca di Marsolinu. Noch einmal lassen wir den Blick über die weitläufige Balagne deserte schweifen, bevor wir über den Pass in das Marsolino-Tal gelangen.

Die Umgehungsstraße wurde neu angelegt als Entlastungsstrecke für die Küstenstraße und verkürzt die Reisezeit nach Galéria erheblich. An Feldern und landwirtschaftlich genutzten Flächen vorbei kommen wir schnell zurück zur Brücke Pont-de-cinque-arcate über den Fango. Nach der Überquerung biegen wir jedoch zunächst rechts ab in Richtung Golf von Galéria. Zur Mündung hin verzweigt sich der Fango und bildet ein Delta.

Beim sehr empfehlenswerten Restaurant l'Artigiana erreichen wir die Küste und einen Parkplatz. Dort stellen wir unsere Maschinen ab und gehen über den Hügel rechter Hand. Dahinter liegt ein wunderschöner und einsamer Kiesstrand. Hier mündet auch der Fango ins Meer, der sich kurz vor der Mündung staut und üppig Wasser führt. Es ist einer der wenigen Strände, wo man sich aussuchen kann, ob man in Salz- oder Süßwasser baden möchte.

## Bezahlbare Filmkulisse

Manch einem kommt die Szenerie vielleicht bekannt vor, denn hier wurden 1966 Teile des Fernseh-Abenteuer-Vierteilers „Die Schatzinsel" gedreht. Aus demselben Grund, aus dem die Winnetou-Filme etwa zur gleichen Zeit im ehemaligen Jugoslawien und nicht in Amerika entstanden, wurde auch diese Verfilmung nicht in der Karibik, sondern unter anderem auf Korsika gedreht: begrenztes Budget. Zum Abschluss kehren wir im l'Artigiana ein.

Zurück nach Porto geht es auf dem gleichen Weg durch das Canne-Tal und über den Col de Palmarella. Obwohl wir die Strecke bereits kennen, fühlen sich die Kurven auf der Rückfahrt noch einmal ganz anders an. Am Col de la Croix erreichen wir erneut den Golf von Porto. Der Anblick des mächtigen Capo d'Orto begleitet uns bis in die Stadt.

Je näher wir unserem Ziel kommen, desto mehr beginnen die rotbraunen Felsen in der Abendsonne zu leuchten, bis sie eine intensive orangene Färbung annehmen. Auch Portos Hausberg Capo d'Orto leuchtet vor dem tiefblauen Himmel. Wieder kommt uns die Bezeichnung „Gebirge im Meer" in den Sinn – und wie sehr sie doch auf die Insel Korsika zutrifft. ◀

Die Wallfahrtskapelle Notre Dame de la Serra wird über eine abenteuerliche Straße erreicht.

## TOUR 4 SÜDLICHE BALAGNE UND GOLF VON PORTO

**180 km**
**3,5 h**
**1–2 T**

## ROADBOOK

Porto, Partinello, Osani, Col de Palmarella, Manso, Calvi, Bocca di Marsolinu, Galéria, Porto.

## AUF DIE PÄSSE

Drei Pässe werden auf dieser Etappe angesteuert: **Col de la Croix, 268 m** (GPS 42.326830, 8.632355), **Col de Palmarella, 408 m** (GPS 42.363879, 8.648325), **Col de Marsolinu, 443 m** (GPS 42.475899, 8.756728).

## CHARAKTERISTIK

Die Küstenstraße windet sich durch die einsamsten Gegenden Korsikas. Nur wenige Orte werden dabei angefahren. Ungebremstes Kurvenvergnügen ist daher angesagt. Der spektakuläre Steilküstenabschnitt bietet viel fürs Auge und die Kamera. Bademöglichkeiten in Flüssen und im Meer gibt es etliche. Die Straßenbeläge sind bis auf wenige Ausnahmen hervorragend.

## SCHAUEN

Korsikas spektakulärste **Steilküste** genießen (GPS 42.273276, 8.691693), flussbaden im Fango (GPS 42.396465, 8.714012), im **Château de Calenzana** einen Hauch Napoléons spüren (GPS 42.486644, 8.687221), an der **Notre Dame de la Serra** den besten Blick auf Calvi fotografieren (GPS 42.552446, 8.736760), am **Quai Adolphe Landry** in Calvi einen Cocktail schlürfen (GPS 42.565928, 8.757689), am **Golf von Galéria** auf den Spuren der „Schatzinsel" wandeln (GPS 42.416419, 8.656808).

## SCHLAFEN

Das **Hotel Le Marina** in Porto liegt direkt am gleichnamigen Fluss im Ortszentrum und dennoch mitten in der Natur (GPS 42.266895, 8.696323). Pool und Terrasse bieten Flussblick. Reichhaltiges Frühstück und Privatparkplatz.

**hotel-lemarina-porto.com**

Ebenfalls in bester Panoramalage oberhalb der Marina befindet sich das **Le Méditerranée** (GPS 42.267306, 8.694972). Es ist seit mehreren Generationen in Familienbesitz. Alle Zimmer mit Balkon, private Stellplätze, Pool und umfangreiches Frühstücksbuffet (wenn auch gegen Zuzahlung). Zudem im Haus zu finden: die Rollervermietung Porto Moto.

**lemediterraneehotel.com**

Campingplätze sind hier an der Steilküste rar gesät. Eine Ausnahme ist das am Fluss gelegene **Camping les Oliviers** (GPS 42.262056, 8.710139). Wie auch sonst auf Korsika werden vor allem Chalets und Hütten zur Übernachtung offeriert. Zeltplätze gibt es auch, Fahrzeuge bleiben aber auf dem Parkplatz, so dass Camper ungestört in der Natur nächtigen können.

**camping-oliviers-porto.com**

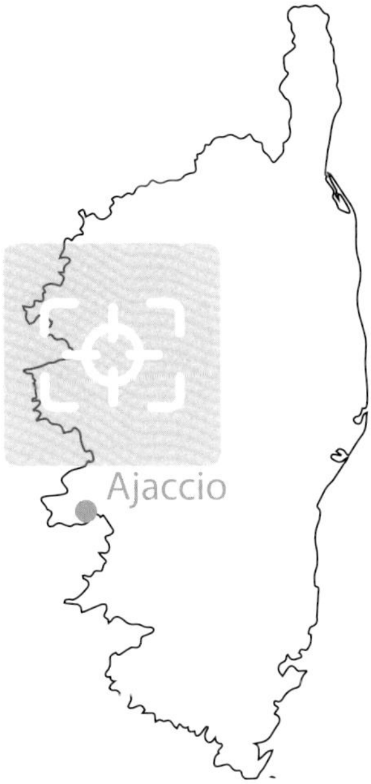


## SCHLEMMEN

Für den Abend ist man mit den Restaurants der empfohlenen Hotels bestens bedient. Den kleinen Hunger unterwegs stillt man überaus schmackhaft im **L'Artigiana** über den Klippen von Galeria (GPS 42.416598, 8.657084). Das Omlette Corse ist ein beliebter Klassiker, ebenso die verschiedenen Degustationsteller mit korsischen Wurst- oder Käsespezialitäten (oder beidem).

# Spektakulärer Westen

Die landschaftliche Vielfalt ist einzigartig. Einsame Abschnitte, dichte Wälder, tiefe Schluchten und dazu aussichtsreiche Passfahrten auf perfekten Straßen lassen Bikerherzen höher schlagen.

Die Calanche ist ein bizarres Felslabyrinth wie aus einer anderen Welt.

Der Golf von Porto gehört seit 1983 zum UNESCO-Welterbe.

Der südliche Golf von Porto ist mindestens genauso spektakulär wie der nördliche Teil. Bereits kurz nach dem Start bekommen wir Porto mit seinem markanten Turmfelsen als perfektes Fotomotiv präsentiert. Der fast immer menschenleere Kiesstrand, der nur durch den Fluss vom Ortskern getrennt ist, der genuesische Wachturm und der steile Berghang mit der Küstenstraße dahinter bilden ein eindrückliches Szenario. Nach drei Kilometern führt eine enge Stichstraße hinunter zum Port de Castagna, von wo der Blick auf die Bucht noch grandioser erscheint.

Vor uns liegt eine der faszinierendsten Landschaften, die Korsika zu bieten hat: die Les Calanche. Dabei handelt es sich um ein Felsenlabyrinth, das durch Tafonibildung eine skurrile Landschaft aus Fantasiefiguren und ausgehöhlten Felsen geschaffen hat. Tafonibildung ist eine chemische Verwitterungsform, bei der in den Fels eingedrungenes Wasser durch Verdunstung Gesteinsteile von innen nach außen regelrecht absprengt.

## Abenteuerliche Felsen

Den Beginn markiert der Hundekopf (Tête de chien), direkt neben der Straße. Von dort führt eine kurze Wanderung bis zum Schloss (Château), einem senkrechten, freistehenden Felszylinder. Aber auch direkt von der D 81 aus lassen sich Geier, Biber oder Schildkröten erspähen. So herrlich sich die Straße durch diese Landschaft auch fahren lässt, wir lassen unsere Maschinen erstmal in einer Haltebucht stehen und erkunden die Calanche zu Fuß.

Dabei entdecken wir immer wieder neue faszinierende Gestalten und abenteuerlich verformte Felsen. Den Abschluss bildet das berühmte Coeur, das Herz der Calanche, ein perfekt in den Fels gezimmertes Herz, das in der Fotoserie jedes Besuchers nicht fehlen wird.

Schließlich fahren wir auf dem feinen Sträßchen die Calanche nochmal komplett durch, was im Sommer jedoch schnell zur Tour de Force werden kann, wenn sich Heerscharen von Urlaubern und Reisebusse ebenfalls durch die Felsen quetschen.

Der markante Felsen Tête de chien.

Wir erreichen Piana. Das sympathische Bergdorf hat im Zentrum hinter der Kirche einige sehr gemüt-

Der Port de Castagna mit Blick auf den Golf von Porto.

Die D 81 führt mitten durch die Calanche.

liche Restaurants und Geschäfte, die zum Verweilen und Bummeln einladen. Vor der Kirche zweigt die zwölf Kilometer lange Stichstraße D 824 nach rechts zu zwei der schönsten Traum-Sandstrände an der Westküste ab. Zur Anse de Ficajola geht es nach einem Kilometer auf der D 624 abenteuerlich und steil bergab.

Die kleine Sandbucht ist spektakulär eingerahmt zwischen fast senkrechten Felsen. Zur Plage d'Arone führt die Panoramastraße hoch über der Bucht am 300 Meter hohen Capo Rosso vorbei bis zu einem feinsandigen Traumstrand mit türkisfarbenem Meer. Die Straße endet am wunderschön gelegenen Campingplatz d'Arone. Auf der Rückfahrt zur Hauptstraße erschließen

### AUTOREN-TIPP

Wer einmal so richtig typisch korsisch speisen möchte, ist bei **Chez Marie** (... und Victorine) genau richtig. Von Wildschwein in Kastanienbiersauce bis Canneloni mit Brocciu-Füllung ist für jeden Geschmack etwas dabei. Die Portionen sind riesig, Ambiente und Personal authentisch. Besonders eindrücklich speist man auf der Terrasse – mit Aussicht auf die Berge und in die Spelunca-Schlucht. Ganzjährig geöffnet, kein Ruhetag, Reservierung empfohlen. **gite-chez-marie.com**

**GPS 42.257311, 8.741948**

sich uns wieder neue Tief- und Weitblicke über den Golf von Porto.

Wieder zurück auf der D 81 entpuppt sich die Straße als perfekte Bikerstrecke. Sie ist breit, mit feinem Belag und mit herrlichen Kurven ausgestattet. Am Col de Lava ist mit 494 Metern der höchste Punkt erreicht. Danach geht es nur noch bergab.

## Ideallinien-Training

Hinter der Bocca di San Martino geht der Spaß richtig los. Schnelle, übersichtliche Kurven laden zum Ideallinien-Training ein bis runter zum Golf von Chiuni, wo der nächste Traumstrand auf uns wartet, gefolgt von der Plage de Pero bei Cargèse. Der Ort wurde 1774 von griechischen

Plage de Ficajola ist einer der schönsten Sandstrände.

Flüchtlingen gegründet, die von den Osmanen in ihrer Heimat die Nase voll hatten und auf Korsika eine neue Heimat fanden.

Daran erinnert eine griechisch-orthodoxe Kirche in Sichtweite zur römisch-katholischen gegenüber. Aus Personalmangel hält ein Pfarrer die Messen in beiden Kirchen.

Die breit und gut ausgebaute Straße führt unmittelbar an weiteren ausgedehnten und einladenden Sand-

Eine Panoramastraße führt zum Capo Rosso.

Zwei Kirchen stehen sich in Cargèse gegenüber.

stränden vorbei bis hinter Tiuccia am Golf von Liscia. Dann verlässt sie die Küste und führt hoch bis zum Col de San Bastiano. Wir verlassen die Küste jedoch bereits kurz vorher und machen uns auf ins hügelige Hinterland. Auf engsten Straßen mit abenteuerlichen Ortsdurchfahrten passieren wir Calcatoggio und Canelle und überqueren die Bocca di Sarcoggio. Der Blick über den Golf von Sagone ist unbeschreiblich.

Erstaunlicherweise ist der Straßenbelag trotz aller Abgeschiedenheit gut bis sehr gut. Hinter dem Pass steuern wir kurvenreich auf den Talgrund des Gravona-Tals zu und münden ein in die Hauptverkehrsstraße T 20, welche die beiden Hauptstädte Ajaccio und Bastia miteinander verbindet. In langen Schwüngen ziehen wir vorbei an der durchaus spannenden Schildkrötenfarm A Cupulatta, die sich als wissenschaftliche Aufzuchtstation versteht und über 170 verschiedene Arten beherbergt.

## Pause im Straßencafé

Am Abzweig nach Vero legen wir nach der Kurbelei erstmal eine wohlverdiente Pause in einem gemütlichen Straßencafé ein. Frisch gestärkt nehmen wir anschließend den nächsten Pass in Angriff. Die 900 Meter hohe Bocca di Tartavellu bringt uns in das Cruzzini-Tal. Der Weg dorthin ist traumhaft. Die Straße ist mit neuem Belag versehen, jetzt viel breiter und noch griffiger. Laubwald geht in Nadelwald über.

Am Passübergang bietet sich uns ein sensationeller Blick über das tiefe und weite Tal, das wir komplett durchqueren und auf der anderen Hangseite den nächsten Pass anpeilen. Die Abfahrt ist purer Fahrgenuss, Belag und Rhythmus stimmen. Wir wedeln, was das Zeug hält.

Die Bocca di Tartavellu führt hinein ins Cruzzini-Tal.

Wer den ersten Kaffeestopp ausgelassen hat, sollte sich auf halber Strecke einmal das U Ceppu genauer ansehen. Es nennt sich zwar Restaurant, ist aber lediglich eine Sandwichkneipe mit einer idyllischen Terrasse mitten in der Natur. Und das äußerst liebenswerte, bereits etwas ältere Ehepaar gibt sich alle Mühe. Im umgebauten Wohnhaus stehen ihre selbst gemachten Liköre, Eau de vie, Marmeladen und vieles mehr. An der Hausbar darf hemmungslos probiert werden. Dabei erzählen sie ihre Geschichten, einfach herrlich.

Nach Überquerung des Cruzzini passieren wir Azzana und Rosazia. Die D 4 wird schmaler und abenteuerlicher. Nahe am Abgrund blicken wir hinüber auf die andere Talseite, von der wir gerade hergekommen sind. Bei Gegenverkehr wird es auch für uns schon mal eng. Nach einer Rechtskurve entdecken wir Muna, unterhalb eines gewaltigen Felskegels an den Steilhang gebaut. Wenig später erreichen wir das verlassene Dorf, das etwas oberhalb der Straße

Pause am Abzweig nach Vero.

Das verlassene Bergdorf Muna wurde an einem Steilhang gebaut.

liegt. Wir parken an einem Briefkasten am Wegesrand und schauen uns das Areal etwas genauer an.

## Steiler Eselspfad

Es ist menschenleer und bis auf wenige Häuser verfallen, denn es ist ein Geisterdorf, das 1740 gegründet wurde. 1960 lebten hier noch 100 Einwohner. Über einen steilen Eselspfad erreichen wir die renovierte Kirche mit beschaulichem Vorplatz und Schatten spendenden Bäumen. Interessant ist eine an der Kirchenwand eingelassene Gedenktafel zu Ehren der in den beiden Weltkriegen gefallenen Einwohner Munas. Fast alle Gefallenen trugen den Nachnamen Nivaggioli.

Vom Vorplatz aus kann man zahlreiche Bauruinen mit entsprechender Vorsicht besichtigen. Im oberen Dorfbereich sind vereinzelt Häuser wieder von den Nachkommen bewohnt, die sich hier eine Sommerfrische errichtet haben. Da es leider keine Cafébar mehr im Ort gibt, machen wir uns wieder auf den Weg.

An der darauffolgenden Bocca à Verghiu lohnt bereits der nächste Stopp. Die Aussicht über die vorgelagerten Hügelketten bis zum Golf von Sagone ist umwerfend. Dahinter folgt eine der abenteuerlichsten Pisten Korsikas überhaupt. Stabilere Betonplatten ersetzen den Asphalt, Stahlnetze an den porösen, senkrechten Wänden sollen schlimmere Felsstürze verhindern. 160 Meter tiefer macht der Liamone-Fluss eine Schleife. Zum Fluss fällt die Felswand senkrecht ab. Die putzigen Randbegrenzungssteine vermitteln nicht unbedingt das Gefühl einer (Ab-)Sturzsicherung. Wir kommen uns fast vor wie auf einer der berüchtigten Passstraßen in Bolivien. Die spektakuläre Szenerie beruhigt sich allmählich, der Asphalt kehrt wieder zurück. Wir cruisen schließlich durch ein idyllisches Waldgebiet.

## Zauberhaftes Bergdorf

In Murzo wechseln wir auf die D 23 in Richtung Vico. Wer noch Lust auf ein Erfrischungsbad hat, kann sich unterhalb der Liamone-Brücke Pontu di Belfiori ein Plätzchen im Fluss auf einem der glatt geschliffenen Felsbrocken suchen. Für das leibliche Wohl hinterher sorgt die Barackenkneipe U Ponte direkt an der Brücke.

Vico ist ein zauberhaftes Bergdorf mit einer großen, sympathischen Piazza und gemütlichen Einkehrmöglichkeiten drumherum. Hier treffen wir auf Boulespieler, die mit großer Ernsthaftigkeit ihrer Leidenschaft frönen. Am Ortsende biegen wir im Kreisel am Col Saint Antoine rechts ab in Richtung Evisa.

Wieder lockt die Ideallinie auf feinem Asphalt. In moderaten Schwüngen erklimmen wir allmählich den 1101 Meter hohen Col de

Abenteuerlich schlängelt sich die D 4 durchs Liamone-Tal.

Sevi. Dahinter tauchen wir ein in das dicht bewaldete Tavulella-Tal, passieren auf halber Hanghöhe Christinacce. Wer Lust auf Geisterdörfer bekommen hat, der kann von Christinacce aus in 60 Minuten nach Tassu wandern. In diesem Dorf lebten bis zu 95 Einwohner. Der letzte starb 1935. Seitdem verfallen die Häuser,

Oberhalb der Spelunca-Schlucht liegt das Bergdorf Evisa.

und die Natur holt sich das Terrain zurück.

Ankunft in Evisa: Das Bergdorf liegt oberhalb der Spelunca-Schlucht und erfreut sich einer perfekten Lage. Abgesehen vom direkten Meerblick aus über 800 Metern Höhe, ist Evisa Ausgangspunkt mehrerer Wanderungen und Etappenziel des Fernwanderweges Da Mare a Mare Nord. Dementsprechend dicht bevölkert, hat sich der Ort vor allem dem Wandertourismus zugewandt.

## Gewaltige Schlucht

Am Ortsende genießen wir den besten Blick durch die gewaltige Spelunca-Schlucht bis zum Meer. Der kleine Ort Ota klebt regelrecht am Steilhang, eingerahmt im Einschnitt zwischen den über 1000 Meter hohen Felskolossen Capo d'Orto und Capo d'Ota.

Und wieder nehmen wir Fahrt auf durch die größte Schlucht Korsikas. Doch Vorsicht ist geboten. Auf diesem Streckenabschnitt bis Porto ist immer mit Ziegen, Wildschweinen und Kühen zu rechnen. Nach moderatem Beginn mausert sich die D 84 zur Panoramastraße mit spektakulärem Verlauf mehrere hundert Meter über dem Talgrund. Später biegen wir rechts auf die D 124 ab. Auf ihr durchqueren wir in engen Kurven die Schlucht.

Am tiefsten Punkt überwindet die genuesische Einbogenbrücke Pont de Pianella den Fluss Porto, der an

In Evisa blickt man über die Spelunca-Schlucht bis aufs Meer.

dieser Stelle aus dem Zusammenfluss der Bäche Aitone und Tavulella gebildet wird. Auch flussbaden ist unterhalb der Brücke möglich. Nach Überquerung der Brücke erreichen wir Ota, das wir bereits von Evisa aus erkennen konnten.

Neben mehreren Übernachtungsmöglichkeiten bietet Ota vor allem zwei hervorragende Restaurants mit korsischer Küche, das Chez Felix und das Chez Marie. Insbesondere letzteres hat es uns – gut erreichbar von unserem Stützpunkt Porto aus – angetan. Nach wenigen Kilometern, noch einmal mit herrlichen Blicken auf den Golf, erreichen wir über die Küstenstraße Porto. ◄

Der Forêt d'Aitone erinnert an den Schwarzwald.

Route in Kurviger
Barghiana
Le Fango
Le Golo
Osani
Partinello
Porto
Ota
Ficaghjola
Évisa
Cristinacce
Piana
Col de Lava
Bocca di San Martino
Marignana
Col de Sevi
Arone
Letia Saint Roch
Orto
Chiuni
Balogna
Murzo
Guagno-les-Bains
Col Saint-Antoine
Vico
Appriciani
Muna
Cargèse
Bocca à Verghiu
Rosazia
Azzana
Sagone
Cruciate
Lopigna
Arro
U Cruzzini
Liamone
Ambiegna
Tiuccia
Vero
Bocca di Tartavellu
Cannelle
Bocca di Sarcoggio
Tavaco
Sarrola
Calcatoggio
Carcopino
Peri
Cuttoli-Corticchiato
Afa
Pedi Morella
Ocan
La Gravona
Ajaccio
Bastelicaccia
Eccica
0 1 2 3 km

**230 km**
**4,5 h**
**1–2 T**

## ROADBOOK

Porto, Piana, Arone, Cargèse, Sagone, Tiuccia, Calcatoggio, Canelle, Vero, Azzana, Rosazia, Muna, Murzo, Vico, Evisa, Ota, Porto.

## AUF DIE PÄSSE

Über ein halbes Dutzend Pässe gehören zu dieser Etappe: **Col de Lava, 494 m** (GPS 42.235761, 8.629656), **Bocca di San Martino, 429 m** (GPS 42.218639, 8.642778), **Bocca di Sarcoggio, 613 m** (GPS 42.039250, 8.825139), **Bocca di Tartavellu, 885 m** (GPS 42.073998, 8.905459), **Bocca à Verghiu, 347 m** (GPS 42.140000, 8.831306), **Col Saint-Antoine, 492 m** (GPS 42.163988, 8.787628), **Col de Sevi, 1103 m** (GPS 42.223501, 8.829892).

## CHARAKTERISTIK

Die Les Calanche ist der faszinierendste Küstenabschnitt der Insel, dem eine herrliche Wedelstrecke folgt. Entlang der Küstenstraße säumen etliche Top Strände den Weg. Vier Flusstäler werden gequert mit entsprechenden Passauf- und -abfahrten. Mittendrin liegt die Geisterstadt Muna. Durch die größte Schlucht geht es wieder zurück nach Porto. Die Straßen sind überwiegend in einem sehr guten Zustand, bis auf den Abschnitt zwischen Muna und Murzo.

## SCHAUEN

Die **Les Calanche** durchwandern (GPS 42.252846, 8.657415), an den Stränden von **Ficajola** (GPS 42.249940, 8.627094) sowie **Arone** (GPS 42.208342, 8.581034) meerbaden, im **U Ceppu** die Bar besuchen (GPS 42.098141, 8.914606) in **Muna** nach Geistern suchen (GPS 42.142645, 8.850049), am Fuß der **Pontu di Belfiori** flussbaden (GPS 42.169185, 8.819554), im **Chez Marie** in Ota korsisch essen (GPS 42.257311, 8.741948).

## SCHLAFEN

Das **Hotel Le Romantique** in Porto liegt in Bestlage (GPS 42.267148, 8.693841): direkt an der Flussmündung des Porto ins Meer. Es bietet klimatisierte Zimmer mit Balkon, Meer- und Bergblick. Außerdem sehr gutes Restaurant, günstiger Preis.

**hotel-romantique-porto.com**

## SCHLEMMEN

Neben den bereits erwähnten Stopps bietet sich das **Epicerie Colomba** unmittelbar an der D4 gelegen an (GPS 42.120806, 8.904083). In urig-rustikaler Atmosphäre werden korsische Spezialitäten serviert. Besonders die üppigen Wurst- und Käseplatten sind als Mittagstisch zu empfehlen.

Die Pont de Pianella überspannt den Fluss Porto.

# Mitten ins Herz

Die Tour gehört zu den faszinierendsten Strecken auf Korsika. Sie bietet alles, was den Reiz der Insel ausmacht. Ein bisschen Schwarzwald ist dabei, ein bisschen Alpen, drei Schluchten und zwei der höchsten Pässe.

Das zerklüftete Restonica-Tal mutet ziemlich alpin an.

Auf dem Weg zur Spelunca-Schlucht.

Die Spelunca-Schlucht kennen wir bereits aus der Tour 5. Aber diesmal fahren wir sie in entgegengesetzter Richtung mit einer kleinen Variante. Am südlichen Ortsausgang von Porto verlassen wir die Küstenstraße an der Brücke über den gleichnamigen Fluss und nehmen auf der D 84 Kurs in Richtung Berge. Auf den nächsten 84 Kilometern erwarten uns nicht weniger als 980 Lastwechsel. Damit ist die Strecke nach Corte die Königin unter den Bikerstrecken.

Bereits nach wenigen Kilometern merken wir, dass der Rhythmus stimmt. Keine Gerade stört den Fahrfluss, und wir gewinnen schnell an Höhe. Der Eichenwald weicht der allgegenwärtigen Macchia, unsere Blicke schweifen über die monumentale Spelunca-Schlucht, die uns bald 300 Meter über dem Talgrund schweben lässt. Auf der gegenüber liegenden Hangseite grüßt das Bergdorf Ota vom Steilhang.

## Volle Aufmerksamkeit

Die frei lebenden korsischen Schweine dösen am Straßenrand und sind beliebte Fotomotive für die Touristen. Später sind es vor allem Ziegen, die uns begegnen und todesmutig die Ideallinie queren. Unsere Aufmerksamkeit ist voll gefordert. Nach längerem Ritt erreichen wir Evisa. Ein letztes Mal schweift der Blick am Ortseingang vom Aussichtspunkt zurück über die Spelunca-Schlucht bis zum Golf von Porto. Hinter Evisa streben wir nach höherem und nehmen die Anfahrt zum höchsten Pass der Insel, den 1477 Meter hohen Col de Vergio, in Angriff.

Auf dem Weg dorthin genießen wir die weiterhin kurvenreiche Fahrt durch den Forêt d'Aitone. Umgeben von dichtem und herrlich duftendem Nadelwald, wähnen wir uns wie im Schwarzwald. Alsbald rückt eine 25 Tonnen schwere Christus-Statue aus Granit ins Blickfeld. Sie markiert die Passhöhe des Col de Vergio.

Die frei herumlaufenden Ziegen haben Vorfahrt.

Vor uns breitet sich die über 800 Meter hoch gelegene Niolo-Ebene aus. Zentraler Blickfang ist der größte Stausee, Lac de Calacuccia. Umgeben ist die Hochebene von einem Ring aus über 2000 Meter hohen Gipfeln, allen voran der höchste Berg Korsikas, der Monte Cinto mit 2706 Metern. Bis vor 125 Jahren war die Region nur über Maultierpfade zugänglich. Erst die Fertigstellung der heutigen D 84 im Jahre 1896 öffnete die Zugänge zu den Küsten über den Col de Vergio und die Schlucht Scala di Santa Regina. Wir tauchen ein in das größte zusammenhängende Wald-

Die Niolo-Ebene liegt 800 Meter hoch.

Eine Christus-Statue markiert den Pass Col de Vergio.

gebiet Korsikas, den Forêt de Valdu-Niellu. Geschichtsforscher sind sich nicht einig, woher der Name stammt.

Es wird vermutet, dass germanische Söldner aus dem Schwarzwald Namensgeber waren, weil sie sich an ihre Heimat erinnert fühlten. Genüsslich wedeln wir um die kerzengeraden Baumstämme. Es duftet nach frischem Harz, von den Hängen plätschern üppig gefüllte Bäche, Wildschweine streunen durch den dichten Wald, und keine Leitplanken stören das intensive Naturerlebnis. Zugegeben, es ist meine Lieblingsstrecke auf Korsika. Jahr für Jahr freue ich mich aufs Neue auf diesen Ritt.

## Über den Golo

Am Ende des Waldes überqueren wir Korsikas längsten Fluss: den Golo. Rechts neben der Brücke ist noch die alte Hirtenbrücke Ponte Altu aus der Genueserzeit erhalten. Albertacce und Calacuccia werden gerne als Basis für die Monte Cinto-Besteigung genutzt. Straßencafés laden zum Zwischenstopp am Stausee ein.

Auf der gegenüber liegenden Seeseite findet immer am 8. September das größte Volksfest Santa di u Niolu statt. Aus allen Inselecken kommen die Menschen. Es wird viel gesungen, Roulette gespielt, korsisch gegessen

Die D 84 verläuft durch die Schlucht Scala di Santa Regina.

Die Hirtenbrücke Ponte Altu verbindet die Uferseiten des Golo.

und getrunken. Wer sich für korsische Kultur interessiert, kommt hier voll auf seine Kosten.

Weiter am See entlang, ändert sich die Landschaft dramatisch. Das Elektrizitätswerk an der Staumauer befindet sich am Eingang in die spektakuläre Schlucht Scala di Santa Regina. 43 Jahre hat der Bau der Straße gedauert, um das Niolo zugänglich zu machen. Es hat sich gelohnt. Schnell steigen die Felsen auf mehrere hundert Meter an, und die schmale Straße windet sich zwischen Abgrund und Felswand um jeden Felsen. In der abgeschiedenen Schlucht finden sich noch Bartgeier und die seltenen Mufflons.

Baden im Fluss ist strengstens verboten, weil unregelmäßige Öffnungen der Schleusen zu Flutwellen führen. Dennoch finden sich immer wieder Lebensmüde beim tückischen Sonnenbad. Die spektakuläre Genussstrecke endet nach 14 grandiosen Kilometern an der Brücke über den Golo, die wir überqueren. Direkt dahinter lockt das Restaurant Chez Jaqueline

**AUTOREN-TIPP**

Picknicken und Baden im **Restonica-Tal**: Zu den ganz besonderen Erlebnissen auf Korsika gehören die vielen glasklaren Gebirgsbäche, die auch im Spätsommer noch üppig Wasser führen. In vielen Bächen kann man vorzüglich in den ausgewaschenen Gumpen baden, von den Felsen springen und sich in die Stromschnellen legen. So auch entlang der Restonica, die eine Vielzahl an Möglichkeiten bietet.

Der Forêt de Valdu-Niellu ist das größte zusammenhängende Waldgebiet Korsikas.

mit preiswerten, korsischen Gerichten und seiner weinumrankten Terrasse. Eine ideale Gelegenheit für einen Stopp nach der Schluchten-Hatz.

## Berüchtigte Rallye

Über die D 18 nehmen wir Kurs auf Corte, die einzige Universitätsstadt und ehemalige Hauptstadt des unabhängigen Korsikas. Wieder ändert sich die Landschaft schlagartig. Hinter dem urigen Bergdorf Castirla überzieht Macchia die weitläufige Landschaft und schottische Hochlandgefühle kommen auf. Ohne Leitplanken schlängelt sich die D 18 scheinbar willkürlich durch die einsame, hügelige Landschaft. Die Strecke ist immer wieder ein Teil der berühmt-berüchtigten Rallye Korsika, die auch passenderweise als Rallye der 10 000 Kurven bezeichnet wird.

Der Stein erinnert an den verunglückten Rallyefahrer Henri Toivonen und seinen Beifahrer Sergio Cresto.

Kurz vor dem Col d'Ominanda rutschte 1986 der in der WM-Wertung führende Finne Henri Toivonen mit seinem Beifahrer Sergio Cresto von der Straße. Dabei explodierte ihr Fahrzeug und beide starben. Ein Gedenkstein am Straßenrand erinnert an den schrecklichen Unfall. Mit gemischten Gefühlen gehen wir die folgenden Kurven etwas gemäßigter an. Aber bald überwiegt wieder die Kurvenlust, und wir erreichen Corte.

Malerisch eingebettet inmitten des korsischen Hochgebirges und am Ende zweier traumhafter Flusstäler empfängt uns das quirlige Städtchen. Entlang der Cours Paoli säumen Restaurants, Studentenkneipen und Geschäfte die Straße. Wir stellen unsere Maschinen am Ende der Straße an der Place Paoli ab, die dem Gründer der Universität und des unabhängigen Korsikas – Pascal Paoli – gewidmet ist und erkunden die Altstadt.

Den schönsten Blick auf Restonica- und Tavignano-Tal und die Zitadelle hat man vom Belvédère aus. Der Weg dorthin ist beschildert, und unterwegs statte ich meinem alten Freund Patrick einen Besuch ab, der in der Rue de l'ancien collège seit einigen Jahren hochwertige korsische Messer verkauft, die von sechs Messerschmieden aus dem Umland handgefertigt werden. Nach einem Kaffee-Stopp in der authentischen Korsen-Bar Le Cyrnea brechen wir schließlich wieder auf und ziehen auf der T 20 weiter in Richtung Ajaccio.

## Ins Zentralmassiv

Schnell gewinnen wir wieder an Höhe auf der perfekt und breit ausgebauten Hauptverbindungsstraße zwischen Bastia und Ajaccio. Obwohl fernlasttauglich, bleibt die Strecke wunderbar kurvig und führt uns mitten hinein in das korsische Zentralmassiv. Wir passieren urige Dörfer und kommen an der spektakulären

Corte war mal die Hauptstadt Korsikas.

Die Brücke Pont du Vecchio führt als stählerne Doppelkonstruktion über den Fluss Vecchio.

Brücke Pont du Vecchio vorbei. Es ist eine stählerne Doppelkonstruktion über den Fluss Vecchio, über die oben die Eisenbahn fährt und unten die Straßenfahrzeuge. Sie wurde von Gustave Eiffel gebaut, der von Beruf Brückenbauer war und später durch den nach ihm benannten Turm in Paris weltberühmt wurde.

Hinter Vivario verlassen wir die Hauptstraße und nehmen auf der D 69 Kurs auf den Col de Sorba, mit 1311 Meter der zweithöchste Pass der Insel. Der finale, steile Anstieg erfolgt über enge Serpentinen. Bis zum Jahr 2000 verlief die Strecke durch einen herrlichen, dichten Kiefernwald.

Durch ein verheerendes Feuer wurden 70 Hektar Wald bis zum Pass nachhaltig zerstört. Die Wiederaufforstung misslang, also macht sich anspruchslose Macchia breit. Kurz vor der Passhöhe konnte die Ausbreitung des Brandes gestoppt werden. Zwischen mächtigen Lariccio-Kiefern schweifen unsere Blicke über die dicht bewaldeten Berghänge des gewaltigen Renoso-Massivs, deren Spitzen noch bis ins späte Frühjahr mit Schnee bedeckt sind.

## Zwei Hausberge

Bis weit ins Tal ist der Verlauf der D 69 entlang der Berghänge erkennbar. Unzählige Kurven bereiten uns den Weg talwärts. Der Wald wird dichter und der Harzgeruch intensiver. Wir kommen nach Ghisoni. Der einzige größere Ort in dieser einsamen Gegend präsentiert sich malerisch in traumhafter Kulisse vor den beiden Hausbergen mit den Namen Kyrie- und Christe-Eleïson.

Wir wechseln auf die D 344 und steuern auf die Ostküste zu. Der idyllischen Waldstrecke folgen zwei weitere wilde Schluchten, durch die sich der Fium Orbu gefressen hat. Zwischen der Défilé des Strette und der Défilé de l'Inzecca wird er in einem romantischen Stausee vorübergehend gezähmt. Nach der zweiten Schlucht zweigt direkt am sehr empfehlenswerten Restaurant Auberge de l'Inzecca links die D 343A in Richtung Vezzani ab.

Mit letzten Blicken zurück über das weitläufige Fium Orbu-Tal geht es auf halber Hanghöhe stetig aufwärts. In Salastraco mündet unsere Straße in die D 343. Direkt an der Einmündung betreibt Xavier Baldovini eine Käserei in der zweiten Generation. Seine Produkte wurden bereits mehrfach international prämiert und zählen für mich zu den besten der Insel.

Ghisoni ist von monumentalen Bergen umringt.

Mit gut gefüllten Taschen erklimmen wir kurvenreich weiter die Berge durch das Tagnone-Tal. Einsam zieht das immer schmaler werdende Sträßchen seine Bahn durch die menschenleere Gegend. Um uns herum nur grün bewachsene Hügel. Bei Vezzani überqueren wir den Tagnone und wechseln in das Einzugsgebiet des zweitlängsten Flusses Tavignano, den wir an der Einmündung in die T 50 erreichen. ►

Der Col de Sorba ist Korsikas zweithöchster Pass.

Die Restonica bietet viele Badegumpen.

Wir folgen dem Fluss wenige Kilometer und kommen in das Bozio, einer der touristisch am wenigsten erschlossenen Regionen. Das Bozio gilt als Wiege der korsischen Revolution, weil dort im 18. Jahrhundert die ersten Widerstände gegen die genuesische Herrschaft ausbrachen, die 25 Jahre später in der Unabhängigkeit Korsikas mündeten.

Durch das Limone-Tal schrauben wir uns windungs- und aussichtsreich bergauf. Die D 314 führt einsam durch das idyllische Tal und ist wunderbar ausgebaut. In Erbajolo wollen wir noch höher hinaus und biegen rechts ab zum Col de San Cervone, wo wir auf die andere Hangseite wechseln und weiter bergauf cruisen.

Die Straße ist zu einem schmalen Asphaltband geschrumpft. Wir sind froh, dass keinerlei Gegenverkehr unseren Fahrfluss stört. An einer mit Skulpturen verzierten Quelle verlassen wir die Höhenstraße und kurven in engen Serpentinen steil bergab bis nach Rebbia und von dort weiter bergab durch das Zingaio-Tal, bis wir wieder den Tavignano erreichen. Eingezäunte Felder und gemähte Weiden signalisieren uns, dass wir uns allmählich wieder der Zivilisation nähern. Am Flughafen vorbei, erreichen wir schließlich wieder Corte.

Zum Abschluss gönnen wir uns noch einen Ausritt in eines der schönsten Gebirgstäler Korsikas: das Restonica-Tal. Die 15 Kilometer lange Stichstraße D 623 führt bis auf 1200 Meter Höhe und endet an einem bewirtschafteten Wanderparkplatz. Startpunkt ist direkt hinter der Tavignano-Brücke unterhalb der Zitadelle.

## Im Restonica-Tal

Die Straße führt tief hinein in die korsische Bergwelt. Bereits nach wenigen Kilometern sind wir umgeben von steilen Felswänden. Die glasklare Restonica rauscht über Terrassen ins Tal. Dabei hat sie teils mehrere Meter tiefe Gumpen ausgewaschen, die sich hervorragend für einen erfrischenden Badestopp eignen.

Nach sechs Kilometern erreichen wir einen der schönsten Campingplätze: Camping de Tuani liegt naturbelassen mitten im Nadelwald und bietet nicht nur den direkten Zugang zum Fluss, sondern auch ein ganz hervorragendes Restaurant.

Zum Talende hin lichtet sich der Wald immer mehr, bis nur noch mehrere hundert Meter hohe kahle Felswände den Weg säumen. Wasserfälle rauschen von beiden Seiten an uns vorbei, und Schneefelder halten sich bis ins späte Frühjahr.

## Hier bezahlt man gerne

Kurz vor dem Talabschluss wird in den Sommermonaten eine Parkgebühr erhoben, die der Forstwirtschaft zugutekommt. Diese bezahlen wir gerne und dürfen dafür bis ganz nach oben fahren, denn der Parkplatz am Ende der Straße ist mittlerweile den Motorrädern vorbehalten. Unser Dank gilt den Verantwortlichen!

Wer einfach nur die Aussicht, die gute Bergluft und das Bachrauschen genießen möchte, kann es sich im Bistro gemütlich machen. Käse gibt es in den Bergeries de Grotelle. Außerdem startet direkt neben dem Bistro eine tolle Bergwanderung. In vier Stunden (hin und zurück) führt der Pfad zu den Bergseen Lac de Melo auf 1711 Metern und zum Lac de Capitello auf 1933 Metern.

Auf dem Weg zurück legen wir noch eine Picknickpause an einer der zahlreichen Badegumpen ein. Den ereignisreichen Tag lassen wir schließlich in einer der vielen Studentenkneipen entlang der Cours Paoli in Corte ausklingen. ◄

Die D 623 ist landschaftlich wunderschön.

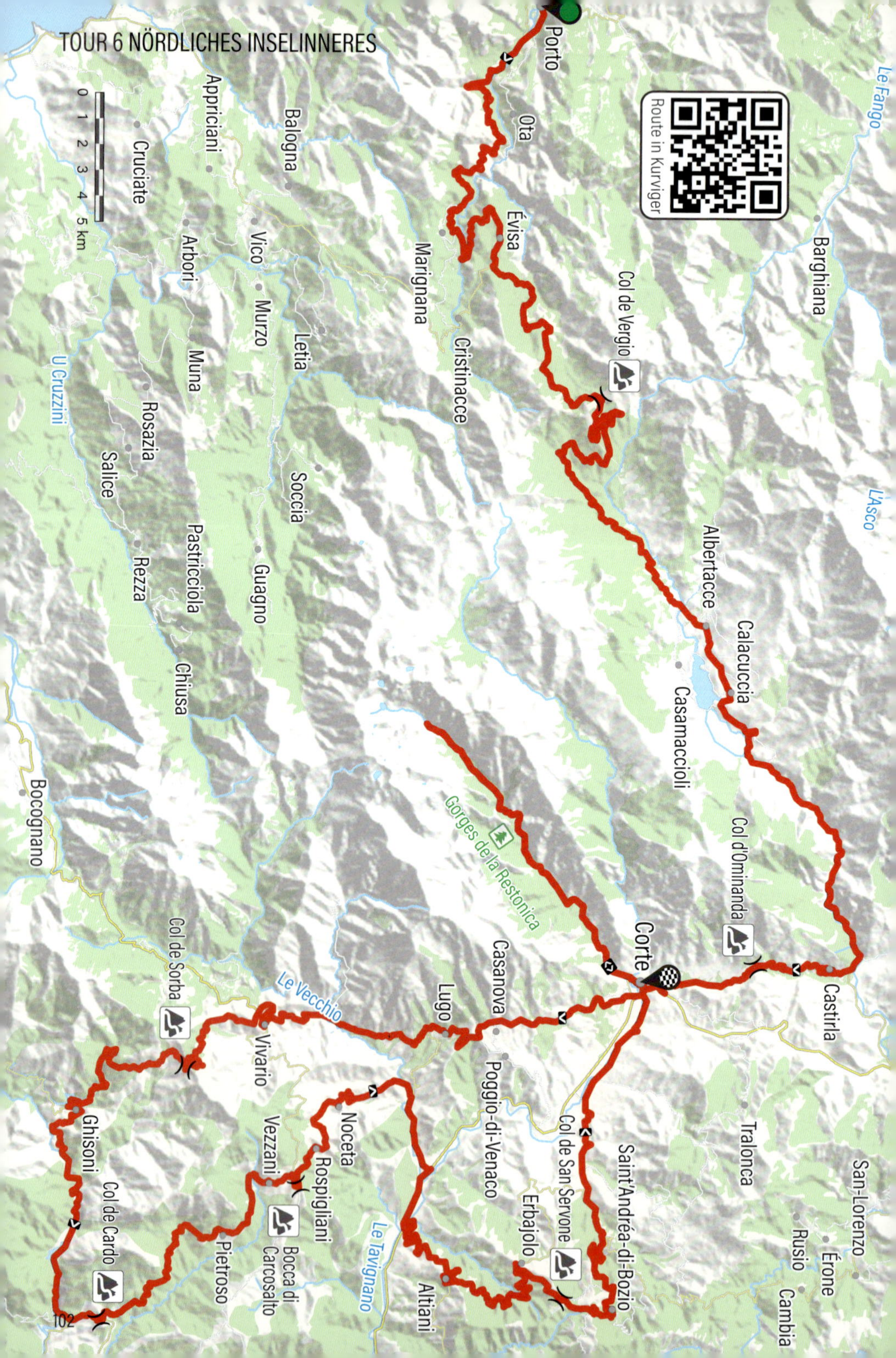

TOUR 6 NÖRDLICHES INSELINNERES
0 1 2 3 4 5 km
Route in Kurviger
Porto
Ota
Évisa
Marignana
Cristinacce
Col de Vergio
Albertacce
Calacuccia
Casamaccioli
Col d'Ominanda
Castirla
Corte
Gorges de la Restonica
Casanova
Lugo
Le Vecchio
Vivario
Col de Sorba
Ghisoni
Col de Cardo
Pietroso
Vezzani
Rospigliani
Bocca di Carcosalto
Noceta
Le Tavignano
Altiani
Poggio-di-Venaco
Erbajolo
Col de San Servone
Saint'Andréa-di-Bozio
Tralonca
San-Lorenzo
Rusio
Érone
Cambia
Barghiana
Le Fango
L'Asco
Appriciani
Balogna
Cruciate
Arbori
Vico
Murzo
Letia
Muna
U Cruzzini
Rosazia
Salice
Soccia
Rezza
Pastricciola
Guagno
Chiusa
Bocognano

**245 km**
**6 h**
**1-2 T**

## ROADBOOK

Porto, Evisa, Calacuccia, Castirla, Corte, Vivario, Ghisoni, Vezzani, Altiani, Saint'Andréa-di-Bozio, Corte, Gorges de la Restonica, Corte.

## AUF DIE PÄSSE

Sechs Pässe gehören zu dieser Etappe: **Col de Vergio, 1467 m** (GPS 42.290322, 8.878399), **Col d'Ominanda, 654 m** (GPS 42.343995, 9.145631), **Col de Sorba, 1311 m** (GPS 42.144146, 9.190346), **Col de Cardo, 371 m** (GPS 42.113066, 9.311223), **Bocca di Carcosalto, 785 m** (GPS 42.184301, 9.247827), **Col de San Servone, 897 m** (GPS 42.277208, 9.2994840).

## CHARAKTERISTIK

Die Tour führt mitten hinein in die alpine Bergwelt. Die D 84 von Porto nach Corte ist die vielleicht schönste, abwechslungsreichste und spektakulärste Straße Korsikas. Die gesamte Strecke ist sehr kurvig und herrlich rhythmisch zu fahren. Mit Wildschweinen, Ziegen und Kühen ist überall zu rechnen.

## SCHAUEN

Korsische Qualitätsmesser in Patricks **Couteaux Corses-Shop** kaufen (GPS 42.304881, 9.149201), Gustave Eiffels **Pont du Vecchio** fotografieren (GPS 42.192968, 9.165678), **Xavier Baldovinis Käse** probieren (GPS 42.114686, 9.306683), zu den Seen **Lac de Melo** und **Capitello** hochsteigen (GPS 42.228780, 9.030176), an der **Restonica** flussbaden und picknicken (GPS 42.302182, 9.149649).

## SCHLAFEN

Im Hotel **Les Jardins de la Glacière**, am Eingang ins Restonica-Tal (GPS 42.294029, 9.143614), ist Wasserrauschen garantiert. Die idyllische Frühstücksterrasse wurde direkt neben dem Fluss erbaut. Außer einem erfrischenden Pool bietet das Hotel Motorradreisenden einen Privatparkplatz, moderne Zimmer und ein üppiges Frühstücksbuffet mit schmackhaften korsischen Spezialitäten.

**lesjardinsdelaglaciere.com**

Ein einfaches Haus ist das **Hotel du Nord** (GPS 42.307222, 9.150528) in Corte. Die Fassade mag nicht viel hermachen, aber die Zimmer sind hübsch, das Frühstück durchaus üppig und im Preis enthalten, wenn man direkt beim, Hotel bucht.

**hoteldunord.corsica**

Wer sein Haupt in der Natur betten möchte, findet mit dem **Camping Tuani** (GPS 42.275000, 9.107694) einen einfachen, aber feinen Platz tief im Restonica-Tal. Für Erfrischung sorgt ein Bad im Fluss, für die Grundversorgung ein Restaurant. **camping-corte.com**

## SCHLEMMEN

Im **U Museu** in Corte (GPS 42.305589, 9.149341) lässt es sich hervorragend korsisch essen. Die teilweise deftigen Gerichte werden auf schattigen Terrassen serviert. Wer sprachlich unsicher ist, wird die deutsche Speisekarte zu schätzen wissen. **restaurant-umuseu.com**

Am Abzweig auf die D69 hinauf zum Col de Sorba ist das **Le Chalet** (GPS 42.169543, 9.165693) der perfekte Ort für einen Mittagsstopp auf dieser Tour. Hier wird jeder fündig und auch satt.

Der Autor genießt sichtlich den Blick auf den Golf von Ajaccio.

# In der Heimat Napoléons

Hätte es zu seiner Zeit bereits Motorräder gegeben, wäre Napoléon seiner Heimatinsel vielleicht länger treu geblieben. Der Unterschied zwischen dem pulsierenden Ajaccio und seinem Hinterland könnte krasser kaum sein.

Die Zitadelle von Ajaccio ragt weit ins Meer hinaus.

Napoléon Bonaparte wurde 1769 in der Rue Saint-Charles in Ajaccio geboren. Mit neun Jahren verließ er die Insel und stieg innerhalb weniger Jahre zum mächtigsten Herrscher in Europa auf. Während dieser Zeit interessierte er sich jedoch wenig für seine Heimatinsel, was ihm viele Korsen heute noch verübeln. Dennoch lassen sich damit gute Geschäfte machen. Überall in der Stadt stößt man auf den kleinen Korsen, sei es als Café, in Souvenirshops oder an diversen Denkmälern über die Stadt verteilt. Ein besonders eindrucksvolles Beispiel steht an der Place d'Austerlitz.

An der Place d'Austerlitz ragt die Napoléon-Statue auf.

Auf der Spitze einer Pyramide befindet sich eine überdimensionale Bronzestatue in klassischer Pose. Darunter sind die Siege seiner Schlachten in großen Lettern eingraviert (jedoch nicht seine Niederlagen).

## Sammelnder Onkel

Sein Geburtshaus (Maison Bonaparte) in der Altstadt ist heute ein Museum. Sehenswert ist zudem das Musée Fesch in der Rue Cardinal Fesch. Der Name bezieht sich auf Joseph Fesch, den Onkel Napoléons, der Erzbischof von Lyon war. Zeitlebens sammelte er Kunstgegenstände, vorwiegend Gemälde.

Im Museum befinden sich Napoléons Totenmaske, Büsten seiner zahlreichen Familienmitglieder, der Stammbaum und weitere zeitgenössische Reliquien. Als Hinweis für die weniger Geschichts- und Kunstinteressierten: Das Museum befindet sich mitten im Shoppingviertel der Inselhauptstadt.

Für uns beginnt der Spaß auf der Route Sanguinaires, westlich von Ajaccio. Die Straße, die an ihrem westlichen Ende zur eindrucksvollen Inselgruppe Iles Sanguinaires (vier Inseln, wie an einer Perlenkette) führt, nähert sich ostwärts entlang einer mondänen, palmenbestückten

Eine Insel wie in Stein gemeißelt.

Uferpromenade der mächtigen Zitadelle Ajaccios. Sie führt dort direkt am Ufer entlang, vorbei an ein paar kleineren Sandstränden und dem Casino. Eiscafés und Restaurants runden das klassische Bild einer Urlaubsmetropole ab.

Je näher wir der Stadt kommen, desto dichter wird der Verkehr in Korsikas größter Stadt. Wir passie-

Die palmengesäumte Uferpromenade von Ajaccio.

Die Plage de Mare e Sole bietet nahezu karibisches Flair.

ren den kleinen Jacht- und Fischereihafen Tino Rossi. Benannt ist er nach einem weltberühmten Ajaccien, der mit über 250 Millionen verkauften Tonträgern der französische Künstler mit den meistverkauften Platten ist. Hier versorgen die Fischer von ihren kleinen Booten aus die Restaurants in der Altstadt direkt mit frischen Fang.

## Zügig durch die Stadt

Hinter dem Fährhafen wird der Boulevard Charles Bonaparte mehrspurig. Wir streifen zügig durch das Stadtgebiet und umfahren die Bucht. Vorbei am Flughafen halten wir uns am Abzweig nach Porticcio rechts.

Wir bleiben an der Küste und tauchen ein in die Urlaubshochburg Porticcio. Nicht nur Touristen schätzen die zwei Kilometer lange und feinsandige Plage d'Agosto, die in idealer Nähe zum Flughafen liegt, sondern auch die Einwohner Ajaccios, die sich hier vor allem an den Wochenenden von ihrem Alltag entspannen.

In Porticcio findet man das volle Touristen-Programm mit Hotels, Restaurants, Shops und allen Möglichkeiten für Wassersport. Reiche Ajacciens haben ihre Villen denn auch lieber auf der Halbinsel Île d'Isolella. Dahinter wird es merklich ruhiger. Auf unserem Weg kommen wir an ein paar der schönsten, kleineren Sandbuchten vorbei.

Vor wenigen Jahren war die Plage de Mare e Sole noch völlig unberührt. Mittlerweile haben auch Strandbar-Besitzer das Potenzial erkannt. Dennoch hat der Traumstrand sein karibisches Flair bewahrt.

Direkt am Strand verlassen wir die D 55 und knicken rechtwinklig ins Inland ab. Im Nu landen wir in der Einsamkeit, gewinnen schnell an Höhe und genießen die Schräglagen. Die schmale Straße windet sich beherzt durch einen alten Eucalyptuswald. Die riesigen Bäume haben mehrere Meter dicke Stämme. Tief durchatmen: Es riecht gewaltig nach Hustenbonbons.

Der Eucalyptuswald liegt an der D 55.

Auf einer kleinen Anhöhe mit guter Picknickgelegenheit entdecken wir Ruinen am Wegesrand. Sie gehören zu einem berüchtigten Strafgefangenenlager, dessen Aufgabe es war, die ausgedehnten Malaria-Sümpfe trocken zu legen und so die Region bewohnbar zu machen. Außerdem wurden in unmittelbarer Nähe ein Staudamm gebaut und eine Ölmühle betrieben. Die Ölfabrik und der Exerzierplatz sind noch vorhanden und werden heute für Hochzeiten und andere Großevents genutzt.

Ansonsten sind nur Fragmente und eine Zisterne erhalten. Wer 20 Minuten die Eucalyptus-Baumallee entlangläuft, findet auch noch einige stark verwitterte Gefangenengräber. Das Pénitencier de Chiavari beherbergte zwischen 1855 und 1906 bis zu 800 Gefangene.

Weiter geht es den Berg hinauf in Richtung Coti-Chiavari. Scheinbar ziellos windet sich unser Asphaltband durch einen regelrechten Dschungel aus Kork- und Steineichen, Erdbeerbäumen und anderem Gestrüpp. Menschliche Besiedlungen sind Fehlanzeige. Über die Bocca di Strettone und den Col de Cortonu erreichen wir schließlich den Col de Gradello auf 530 Metern Höhe. ▸

Die Zisterne des Pénitentier de Chiavari ist gut erhalten.

Die Kirche Saint Jean-Baptiste in Coti-Chiavari in Bestlage über dem Golf von Ajaccio.

Hier legen wir eine Pause in meiner Lieblings-Bar A Baracca ein. Nomen est omen würde man sagen beim Anblick der Räumlichkeiten. Von außen wirkt der Holzverschlag eher wie ein Provisorium, das den nächsten Sturm nicht überleben wird. Dabei existiert die Bar bereits seit Jahrzehnten. Herzstück sind die Fenster, denn sie stammen von einem alten Bus, der hier einst stand und ausbrannte. Einzig die Fenster konnten gerettet werden. Der heutige Besitzer baute das wunderbare Kleinod um diese herum.

Mein Lieblingsplatz ist auf der Terrasse hinter der Kneipe. Unter Weinranken schmecken Omelette au Brocciu und ein kühles Pietra nochmal so gut. Alle Produkte stammen aus dem eigenen Gemüsegarten oder kommen aus der Umgebung.

Frisch gestärkt machen wir uns auf den Weg in Richtung Küste. Die D 355 lässt unseren Drehzahlen freien Lauf, bietet lange Kurven auf griffigem Geläuf und gewährt auch noch herrliche Blicke über den Golfe de Valinco. Vor Erreichen der Küste schwenken wir jedoch noch einmal in Richtung Inland. Dabei überqueren wir den Taravo, der die zentrale Wasserversorgung für die Region sicherstellt, über eine schmale Einbogenbrücke.

Wir kommen nach Filitosa, einer prähistorischen Ausgrabungsstätte. Dort wurden vor gut 70 Jahren ein gutes Dutzend behauene Steinsäulen mit menschlichen Zügen entdeckt, sogenannte Menhire, wie man sie auch in der Bretagne findet. Sie sind über 3 500 Jahre alt und zeugen von den Megalithikern, den Ureinwohnern Korsikas. Sie wurden um diese Zeit von einfallenden Torreanern, einem kriegerischen Hirtenvolk, besiegt und vertrieben. Auf einem Rundgang kann man die Säulen besichtigen und im angeschlossenen Museum mehr erfahren.

Der Autor macht Pause in A Baracca, seiner Lieblingsbar.

## Brücke mit Geschichte

Weiterhin extrem kurvig schlängeln sich die D 57 und die D 302 durch die hier leider wenig spektakuläre Landschaft, bis wir zur Taravo-Brücke Pont de Calzola kommen. Sie darf nur mit Fahrzeugen befahren werden, die nicht länger als sechs Meter sind, denn sonst bleiben sie stecken. Der Grund dafür ist ein seltsamer Doppelknick in der Mitte der Brücke.

Von Romain Ventre, dem Patron des überaus charmanten Hotels U Mulinu erfahren wir, dass im Zweiten Weltkrieg neben der Brücke eine Granate einschlug. Die Detonation war so heftig, dass sie zwar nicht zerstört, jedoch auseinandergerissen wurde, weil sich das Fundament verschob. Die korsische Lösung war, die Bruchkanten der beiden Fragmente einfach wieder neu zu verbinden.

Die nächsten 30 Kilometer entwickeln sich zu einem fahrerischen Highlight. Vor Jahren noch in grottig schlechtem Zustand, hat sich die D 302 durch einen neuen Straßenbelag zu einer Bikerstrecke erster Güte gemausert. Grip ohne Ende, Lastwechsel im Sekundentakt und kaum Verkehr; eine der schönsten

Herrlich wedeln lässt es sich auf der D 355.

Der Golfe de Valinco schließt sich südlich an den Golfe d'Ajaccio an.

Wedelstrecken im Süden der Insel. Entsprechend zügig erreichen wir die T 40 beim Weingut Clos Capitoro und biegen rechts ab.

Nach knapp sechs Kilometern verlassen wir die Hauptverbindungsstraße zwischen Ajaccio und Propriano bei Barraccone wieder und nehmen Kurs auf das spektakuläre Prunelli-Tal. Die D 103 schlängelt sich zunächst durch ein paar kleinere Dörfer und an Weideflächen vorbei. Nach Überquerung des Prunelli-Bachs und Einmündung in die schmale D 3 geht es am Bachlauf entlang stetig bergauf. Wir entfernen uns immer weiter vom Talgrund, und die Landschaft wird dramatischer.

Der Doppelknick in der Mitte der Pont de Calzola ist eine Herausforderung für lange Fahrzeuge.

## Holprige Betonpiste

Kurz vor dem Col de Mercujo haben wir bereits knapp 700 Höhenmeter erreicht. Wir genießen den Blick talabwärts in die Schlucht und bis zur Küste. Am Pass führt eine holprige Betonpiste am Parkplatz des Restaurants A l'Epica zum ausgeschilderten Belvédère, die nach 500 Metern an einer Aussichtsterrasse endet mit herrlichem Blick auf den Stausee von Tolla und die 90 Meter hohe imposante Staumauer. Hier ist auch der Startpunkt für die Begehung einer sogenannten Via Ferrata (siehe Autoren-Tipp auf Seite 114).

Zurück auf der Straße folgt das urige Dorf Tolla, das dem Stausee seinen Namen gab. Über eine Stichstraße kommt man bis ans Seeufer mit Gastronomie und Bootsverleih. Wir kurven oberhalb des Stausees weiter durch die Schlucht und genießen die herrlichen Tiefblicke auf den See. Die D 3 mündet in die D 27 und bringt uns nach Bastelica.

Das einsame Bergdorf am Ende des Tals ist nicht nur berühmt für seine vor Ort produzierten Wurstwaren, sondern hat auch einen berühmten Einwohner. Sampiero Corso war im 16. Jahrhundert ein leidenschaftlicher und erfolgreicher Kämpfer gegen die genuesischen Besatzer und erwarb sich bei den Korsen dafür bis heute größten Respekt. Eine riesige Statue in kämpferischer Pose mitten im Ort zeugt von seiner Wertschätzung in der Bevölkerung.

## Abstecher ins Skigebiet

Wir gönnen uns einen Abstecher in eines der wenigen Skigebiete Korsikas. Die 15 Kilometer lange Panoramastraße D 27A führt hinauf bis auf über 1600 Meter und endet an einem Hochplateau. Drei Skilifte und mehrere Loipen können genutzt werden. Im Sommer ist hier allerdings tote Hose. Dafür bietet die asphaltierte Straße Fernblicke im Überfluss über das weitläufige Ese-Tal und die Bergwelt des Zentralmassivs.

Zurück in Bastelica, verlassen wir das Prunelli-Tal auf der D 27. Dich-

In engen Kehren geht es durch das Prunelli-Tal hinauf zum Stausee Lac de Tolla.

Von der Aussichtsterrasse blickt man auf den Stausee von Tolla.

ter Kastanienwald umgibt uns, auch die korsischen Wildschweine lassen nicht lange auf sich warten. Wieder dürfen wir euphorisch am Gashahn drehen. Übersichtliche und schnelle Kurven führen hoch zum 1193 Meter hohen Col de Scalella, einem der eindrucksvollsten Pässe Korsikas. Auf der Kuppe breitet sich vor uns das Gravona-Tal aus. Im Hintergrund leuchten die schneebedeckten Kuppen der höchsten Berge Monte d'Oro, Monte Rotondo und Monte Cinto.

Hinter dem Pass geht die Fahrt spektakulär weiter. Die Straße ist in hervorragendem Zustand, bietet Kurven satt und ein Panorama zum Abheben. Sie ist ganz klar eine Traumstraße. Auf dem Weg nach Bocognano legen wir nach Überquerung der Brücke über den Trotta-Bach noch einen Kurzstopp ein.

Von der Straße sieht man ihn nicht, aber man kann ihn hören: Korsikas höchsten Wasserfall, die Cascade du Voile de la Mariée (auf Deutsch: Brautschleier-Wasserfall).

### AUTOREN-TIPP

Auf der **Via Ferrata de Tolla** durch das **Prunelli-Tal**: Der seilgesicherte Klettersteig führt spektakulär an der Steilwand entlang hoch über dem Talgrund durch die Prunelli-Schlucht. Höhepunkt ist eine 300 Meter lange Seilrutsche. Für das Abenteuer benötigt man etwa drei Stunden. Begangen werden kann es mit und ohne Führer und kostet Eintritt. Das dafür erforderliche Kletter-Equipment kann ausgeliehen werden. Geöffnet von April bis November. **revesdecimes.fr**

**GPS 41.963551, 8.959646**

Durch ein Viehgatter erreichen wir das Spektakel auf einem Trampelpfad in gut zehn Minuten. Im Frühjahr stürzt sich der Trotta-Bach mit lautem Getöse spektakulär nahezu senkrecht 100 Meter in die Tiefe. Im Spätsommer ist die Felswand allerdings weitgehend trocken.

## Durchs Gravona-Tal

In Bocognano treffen wir auf die T 20 und gönnen uns eine Pause auf der lauschigen Terrasse der Pizzeria am Eck. Die Hauptverkehrsstraße zwischen Corte und Ajaccio ist breit und hervorragend ausgebaut. Mit ihren lang gezogenen Kurven durch das bewaldete Gravona-Tal bleibt der Fahrspaß trotz Verkehr erhalten. Wir passieren noch die Schildkrötenfarm A Cupulatta, dann ist Ajaccio bald erreicht.

Abends gönnen wir uns die nicht ganz preisgünstige Einkehr in einem besonderen Restaurant in Ajaccio. Das Interieur des Le 20123 in der Rue du Roi de Rome ist dem Dorfplatz von Pila Canale (mit der Postleitzahl 20123), dem Heimatdorf des Restaurant-Besitzers nachempfunden. Man sitzt auf dem „Marktplatz" oder in der „Scheune" und holt sich sein Wasser selbst am „Dorfbrunnen". Über den Köpfen leuchtet der Sternenhimmel. Ein einmaliges Erlebnis und ein würdiger Ausklang für eine fantastische Tagestour. ◄

Von Col de Scalella bestaunt man Korsikas höchste Berge.

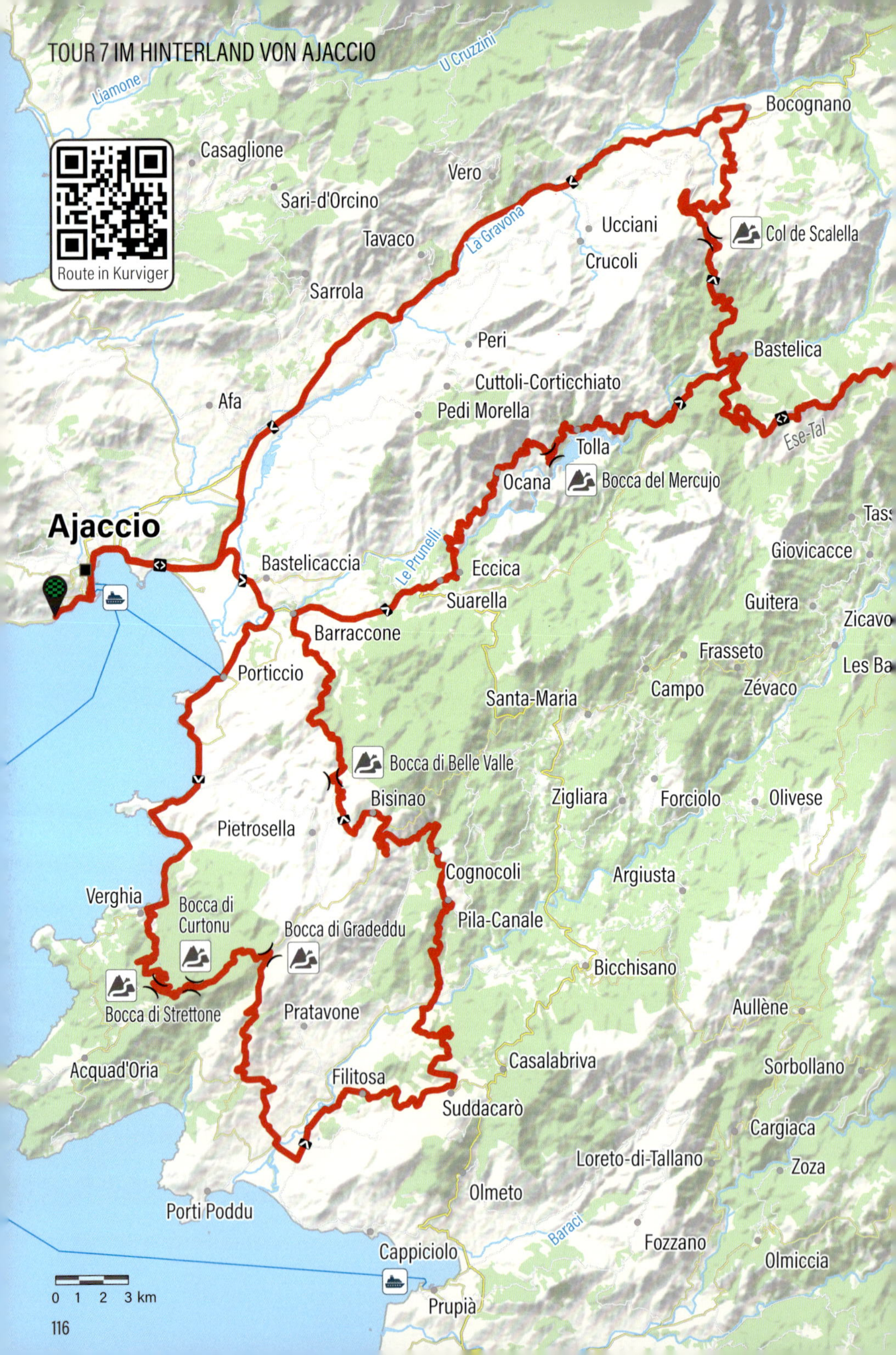
Route in Kurviger
Liamone
U Cruzzini
Casaglione
Sari-d'Orcino
Vero
Tavaco
Sarrola
La Gravona
Ucciani
Crucoli
Bocognano
Col de Scalella
Peri
Bastelica
Cuttoli-Corticchiato
Pedi Morella
Afa
Ese-Tal
Tolla
Ocana
Bocca del Mercujo
Ajaccio
Bastelicaccia
Le Prunelli
Eccica
Suarella
Barraccone
Tass
Giovicacce
Guitera
Zicavo
Frasseto
Les Ba
Campo
Zévaco
Porticcio
Santa-Maria
Bocca di Belle Valle
Bisinao
Zigliara
Forciolo
Olivese
Pietrosella
Cognocoli
Argiusta
Verghia
Bocca di Curtonu
Bocca di Gradeddu
Pila-Canale
Bicchisano
Bocca di Strettone
Pratavone
Aullène
Casalabriva
Sorbollano
Acquad'Oria
Filitosa
Suddacarò
Cargiaca
Loreto-di-Tallano
Zoza
Olmeto
Porti Poddu
Baraci
Fozzano
Olmiccia
Cappiciolo
Prupià
0 1 2 3 km

**230 km**
**4,5 h**
**1-2 T**

## ROADBOOK

Ajaccio, Porticcio, Col de Gradello, Filitosa, Bisinao, Barraccone, Ocana, Tolla, Bastelica, Val d'Ese, Col de Scalella, Bocognano, Ajaccio.

## AUF DIE PÄSSE

Die sechs Pässe auf dieser Etappe: **Bocca di Strettone, 431 m** (GPS 41.782306, 8.769278), **Col di Curtonu, 523 m** (GPS 41.782251, 8.787040), **Col de Gradeddu, 529 m** (GPS 41.792629, 8.823206), **Bocca di Belle Valle, 521 m** (GPS 41.854061, 8.854787), **Col del Mercujo, 718 m** (GPS 41.967150, 8.960582), **Col de Scalella, 1193 m** (GPS 42.041911, 9.035245).

## CHARAKTERISTIK

Der Golf von Ajaccio ist touristisch gut aufgestellt. Im Süden gibt es einige Traumsandstrände, die zum Badestopp einladen. Das Hinterland ist wenig erschlossen und bietet Kurven satt auf teilweise Topstraßen mit viel Panorama. Die Durchfahrt durch das Prunelli-Tal, das Val d'Ese und die Überfahrt über den Col de Scalella sind die landschaftlichen Highlights der Tour. Die Straßen stellen keine besonderen Anforderungen.

## SCHAUEN

In **Ajaccio** auf Napoléons Spuren wandeln (GPS 41.918089, 8.738502), am „Karibikstrand" **Mare e Sole** baden (GPS 41.809912, 8.770191), im **A Baracca** ein Omelette au Brocciu genießen (GPS 41.792630, 8.823222), in **Filitosa** korsische Frühgeschichte erleben (GPS 41.745145, 8.869980), vom Belvédère auf den **Tolla-Stausee** blicken (GPS 41.963590, 8.959704), zum Wasserfall **Voile de la Mariée** wandern (GPS 42.065144, 9.047877).

## SCHLAFEN

Das **Hotel Cala di Sole** (GPS 41.906310, 8.668764) liegt an der Route Sanguinaires, sechs Kilometer westlich von Ajaccio, und damit direkt am Meer. Es hat einen eigenen Strandzugang und einen Pool. Moderne Einrichtung, gutes Frühstück und ein gesicherter Privatparkplatz.

**caladisole.fr**

Wer dem Trubel von Ajaccio entgehen möchte, findet entlang der Route etwas südlich in Porticcio mit dem **Camping Europe** (GPS 41.851806, 8.797000 ) eine Alternative, um sein Zelt aufzuschlagen.

**campingeurope.fr**

## SCHLEMMEN

Im Restaurant **Le 20123** (GPS 41.918109, 8.737342). Das urige Innere ist im ungewöhnlichen Chaletstil mit viel Holz eingerichtet, die Speisekarte beinhaltet etliche der korsischen Klassiker.

**20123.fr**

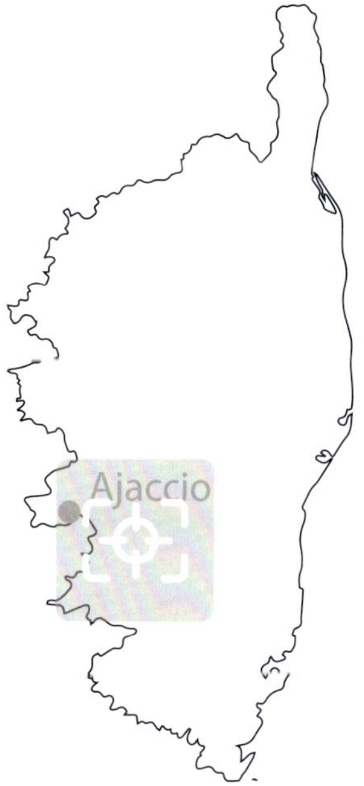

Cascade du Voile de la Mariée, Korsikas höchster Wasserfall.

# Unbekanntes Korsika

Es geht in das Alta-Rocca-Gebirge, auf die Coscione-Hochebene und ins Taravo-Tal. Kleine Straßen führen durch Vulkangebiet mit heißen Thermalquellen, zu frühgeschichtlichen Siedlungen und über einsame Pässe.

Eine mit Panoramen wahrlich gesegnete Strecke führt zum Col de Tana hinauf.

Sainte-Lucie-de-Tallano sieht man den Wohlstand an.

Propriano hat sich in den vergangenen Jahrzehnten von einem bescheidenen Fischerdorf zu einem Touristenzentrum entwickelt. Das liegt weniger an den ohnehin nicht vorhandenen Attraktionen in der Umgebung als vielmehr an den Fähren, die mittlerweile hier anlegen. Vor allem aber an der perfekten strategischen Lage, um von hier aus den Süden Korsikas mit seinen dicht bewaldeten Mittelgebirgen, seinen heißen Quellen und einsamen Höhenzügen zu erkunden. Davon gibt es einiges für uns zu entdecken.

Propriano ist der Hauptort im Golfe de Valinco.

Auf der Hauptstraße T 40 in Richtung Süden schwingen wir uns früh morgens erstmal gemütlich ein. Die Straße ist breit und fernlasttauglich ausgebaut, aber der Verkehr hält sich noch in Grenzen. Wir überqueren den Rizzanese-Bach und folgen ihm bis zum Abzweig auf die D 69 kurz vor Sartène. Genauso behäbig wie der Fluss, steuert die Straße leidenschaftslos durch das weitläufige Tal. Die dünn besiedelte Gegend ist landwirtschaftlich geprägt, mehrere

Bauernhöfe reihen sich in loser Folge aneinander. Im Hintergrund sind die ersten Ausläufer des Alta-Rocca-Gebirges zu erkennen. Für korsische Verhältnisse weist die Straße noch erstaunlich wenig Kurven auf. Aber das ändert sich bald.

## Perfekte Kulisse

Nach einer langgezogenen Rechtskurve legen wir an einem Naturparkplatz einen ersten Stopp ein. Eine der meistfotografierten Genueserbrücken hat unser Interesse geweckt. Die Spin'a Cavallu (auf Deutsch: Pferderücken) gilt als eine der schönsten Einbogenbrücken aus dem 16. Jahrhundert. Bei ruhigem Gewässer erzeugt der Bogen zusammen mit seinem Spiegelbild im Wasser einen nahezu perfekten Kreis. Dass der Fluss Rizzanese auch anders kann, zeigte sich 1993, als ein verheerendes Hochwasser fast die gesamte Brücke erfasste und sie stark beschädigte. 1995 wurde sie aber vollständig restauriert und dient seither wieder als beliebtes Postkartenmotiv.

Wir steuern weiter auf die Berge zu. Es geht moderat bergauf, und mit den ersten Hügelketten kommen die Kurven. Die Straße hat ordentlich Grip. So kommen auch wir langsam auf Touren. Die Berghänge werden steiler. Wir entfernen uns zunehmend vom Talgrund des Rizzanese. Sattes Grün umgibt uns, und Verkehr findet praktisch nicht statt. Wir kommen nach Sainte-Lucie-de-Tallano, den Hauptort der Tallano-Region. Das Bergdorf

Die Spin'a Cavallu stammt aus dem 16. Jahrhundert.

Sainte-Lucie-de-Tallano blickt von einem Hügel auf die Umgebung herab.

macht einen erstaunlich aufgeräumten Eindruck. Typisch für die Region sind die schmalen Gassen und turmhohen, vier- bis siebenstöckigen Häuser. Die Fassaden sind überwiegend in gutem Zustand. Die gemütliche Bar Ortoli am Dorfplatz unter schattigen Platanen lädt zum Verweilen ein. Der sichtbare Wohlstand des Dorfes liegt an einem Steinbruch, in dem bis in die 1970er Jahre sehr seltenes Kugeldiorit-Gestein abgebaut wurde. Weitere Vorkommen gibt es nur noch an drei Standorten: in Finnland, Schweden und Österreich. Ein schönes Exemplar dient als Sockel des Gefallenendenkmals gleich neben der Bar.

Der Sockel des Gefallenendenkmals besteht aus sehr seltenem Kugeldiorit-Gestein.

Auf dem Plateau zwischen Rizzanese- und Fiumicicoli-Tal geht es auf einem feinen Sträßchen mit langen Kurven und herrlichen Talblicken weiter bergauf. Nach ungefähr fünf

Kilometern zweigt links die D 20 nach Cucuruzzu und Capula ab.

Pause am Dorfplatz von Sainte-Lucie-de-Tallano.

## Bedeutsame Siedlungen

Die vier Kilometer lange Stichstraße führt zu zwei archäologisch bedeutsamen Torreaner-Siedlungen, die besichtigt werden können. Experten vermuten, dass es sich bei den Erbauern der aus Steinen aufgeschichteten Rundbauten um das gleiche Volk handelt, das auf Sardinien für den Bau der Nuraghen verantwortlich war. Allerdings sind die korsischen Exemplare etwas älter und weniger gut erhalten.

Wer sich dennoch ein wenig für korsische Frühgeschichte interessiert und sich nebenbei auf einem gut beschatteten, gemütlichen einstündigen Kurzspaziergang ein wenig die Beine vertreten möchte, dem ist der Abstecher sehr zu empfehlen. Nebenbei besteht die Möglichkeit (vor allem bei regnerischem Wetter oder hoher Luftfeuchtigkeit), die mittlerweile sehr seltenen Feuersalamander zu entdecken, die sich im Wald pudelwohl fühlen. Die Straße endet an einem Naturparkplatz, von dem das Pförtnerhäuschen nicht weit entfernt ist. Es gibt einen Informationsflyer oder, ganz nostal-

Ein Waldspaziergang führt zur 3 000 Jahre alten Torreaner-Siedlung Cucuruzzu.

Überreste der Torreaner-Siedlung Capula.

gisch, noch einen echten Walkman mit deutsch besprochener Cassette.

Wir gelangen nach Levie, dem ersten Ort hinter Sainte-Lucie-de-Tallano. Das hübsche Dorf mit der weiten Aussicht über das Fiumicicoli-Tal ist der Hauptort der Alta-Rocca-Region. Neben ein paar netten Cafés und Restaurants ist vor allem das moderne Alta-Rocca-Museum an der D 59 empfehlenswert. Es zeigt Ausgrabungen und Grabfunde aus der frühen Besiedlungsgeschichte Korsikas. Höhepunkt ist das älteste bekannte Skelett der Insel. La Dame de Bonifacio ist vollständig erhalten und 10 000 Jahre alt.

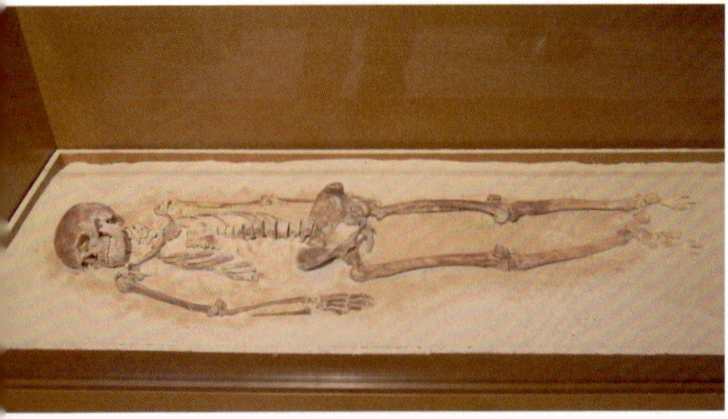

Die Dame von Bonifacio ist 10 000 Jahre alt.

Es geht weiter bergauf. Wir tauchen ein in ein ausgedehntes Waldgebiet. Außer Bäumen gibt es im Prinzip nichts zu sehen, so konzentrieren wir uns auf unsere Ideallinie, bis wir Zonza erreichen. Das Bergdorf ist touristisch mit zahlreichen Hotels, Restaurants und Cafés gut erschlossen. Zonza ist der wichtigste Verkehrsknotenpunkt im Südosten und gleichzeitig das Tor zur Ostküste, die sich ansonsten hinter dem Bavella-Gebirge verbirgt. Am zentralen Ver-

**AUTOREN-TIPP**

**Schottervergnügen** auf dem **Plateau de Coscione**: Fünf Kilometer hinter dem Col de la Vaccia zweigt die D 428 rechts ab. Die ersten acht Kilometer sind asphaltiert und führen an der bewirtschafteten Bergerie de Bassetta vorbei. 1500 Meter hinter der Bergerie zweigt links der Schotterweg ab, führt am Refuge Matalza vorbei und endet an der Hängebrücke Bridge to Asinao über den Bach Monte Tignoso, wo man herrlich picknicken kann. Aufgrund der sensiblen Flora und Fauna appeliere ich aber ausdrücklich, nur auf den dafür frei gegebenen Schotterwegen zu bleiben. **bergerie-de-basseta.fr**
**GPS 41.871740, 9.185938**

Zonza ist der wichtigste Verkehrsknotenpunkt im Südosten.

kehrskreisel zweigen vier Straßen in die entsprechenden Himmelsrichtungen ab.

## Herrliches Wedeln

Wir wählen die nördliche Abfahrt in Richtung Quenza. Eine herrliche Wedelstrecke liegt vor uns. Wir fahren durch einen dichten Mix aus Kiefern-, Eichen- und Kastanienwald bis nach Aullène. An diesem weiteren großen Verkehrsknotenpunkt im Inselzentrum werden wir später noch einmal vorbeikommen. Aber zunächst erschließen wir uns die Region um das Hochplateau von Coscione.

Dazu verlassen wir die Kreuzung in nördlicher Richtung auf der D 69. Man sieht es dem schmalen Sträßchen nicht an, aber in Nord-Süd-Richtung ist es die Hauptverbindung im Inland. Es führt von Sartène bis nach Corte. Auf der 120 Kilometer lange Strecke werden mehrere hun-

In Aullène zweigen Straßen in alle Himmelsrichtungen ab.

Beste Aussicht hat man vom baumlosen Col de la Vaccia.

dert Kurven geboten. Drei Stunden müssen eingerechnet werden, um sie komplett zu bewältigen. Deshalb ist sie auch immer wieder gerne ein Bestandteil der berühmt-berüchtigten WRC-Rallye Korsika (Rallye der 10 000 Kurven).

Wir begnügen uns jedoch mit dem Abschnitt bis nach Cozzano und nehmen zunächst die Auffahrt zum Col de la Vaccia in Angriff. Mit zunehmender Höhe wird der Wald lichter, bis er schließlich komplett in Macchia übergeht und den Blick freigibt über das weitläufige Coscione-Tal und auf den weiteren Streckenverlauf. Nach Überquerung des Coscione-Bachs wurde der Auffahrt ein neuer Straßenbelag spendiert, der die Straße damit zur Traumwedelstrecke adelt. Tiefste Schräglagen, super Rhythmus und tolles Panorama in einsamer Umgebung lassen Bikerherzen höher schlagen.

## Einsam auf der Kuppe

In 1193 Metern Höhe erreichen wir den höchsten Punkt der Tour. Die flache Kuppe ist völlig einsam. Lediglich ein paar Kühe tummeln sich, was uns in Anbetracht des Namens (Vaccia heißt auf korsisch Kuh) nicht wirklich überrascht. Der weite Blick über das vor uns liegende obere Taravo-Tal mit dem am Horizont aufragenden Zentralmassiv ist fantastisch.

Genauso sportlich empfängt uns die Abfahrt hinter dem Pass. Unter Motorradfahrern hat sich diese Streckenperle herumgesprochen. Folgerichtig hat sich die Ferme Auberge du

Col de la Vaccia, 1700 Meter hinter dem Pass, allmählich zu einem Bikertreff entwickelt. Man sitzt auf der schattigen Terrasse und lauscht den herannahenden Kurvenkünstlern.

Wer sich einen landschaftlich traumhaften Abstecher auf Schotter gönnen möchte, gelangt über die D 428 auf die Hochebene von Coscione auf 1500 Metern (siehe Autoren-Tipp). Die Feuchtwiesen sind durchzogen von sogenannten Pozzini – Moorflächen mit kleinen Wassertümpeln – und einer Reihe von Feld- und Wanderwegen. Die Region ist so abgeschieden, dass sich dort noch Wildpferde und jede Menge Wildschweine tummeln.

## Kurze Frequenz

Bei sanftem Gefälle umkurven wir jede Hangausbuchtung. Tiefblicke in das Tal bleiben uns durch den dichten Wald weitgehend versperrt. Ein Lastwechsel folgt dem nächsten in kurzer Frequenz. Bald haben wir Zicavo, den Hauptort der oberen Taravo-Region, erreicht. Wir bleiben auf der D 69 bis Cozzano und biegen dort scharf links ab auf die D 83.

Flussabwärts nehmen wir nun Kurs auf die Westküste. Kurz vor Guitera-les-Bains überqueren wir den Taravo und wechseln so auf die andere Hangseite. Die ganze Region hier ist vulkanischen Ursprungs. Deshalb gibt es auch mehrere heiße Quellen, die mehr oder weniger zum Kuren genutzt werden – oder eher wurden. Eine dieser Quellen befindet sich in Bains-de-Guitera, direkt hinter der Total-Tankstelle auf der linken Seite, abgedeckt durch einen unscheinbaren Kuppelbau.

Dort tritt die heiße Quelle mit fast 50 Grad an die Oberfläche. Direkt daneben wird das heiße Wasser in einen Trog eingeleitet. Es gab auch mal ein Kurhotel dazu, und angeblich gibt es mittlerweile Bestrebungen, hier ein neues Kurzentrum für Urlauber zu errichten.

Im weiteren Straßenverlauf entfernen wir uns allmählich vom Taravo. Bis zur Einmündung in die T 40 bei Grosseto-Prugna bleibt die Strecke ultrakurvig und von üppigem Grün

Biker unter sich am Col de la Vaccia.

Der Col de Saint-Eustache ist ein Bergsattel auf knapp 1000 Metern.

eingehüllt. Auf der Hauptverkehrsstraße entspannen wir uns auf den nächsten 13 Kilometern ein wenig von der Kurvenhatz, bevor wir sie bei Petreto-Bicchisano wieder in Richtung Aullène verlassen.

## Kleine Schottereinheit

In sanften Schwüngen erklimmen wir den Col de Saint-Eustache, einen Bergsattel auf 995 Metern Höhe. Wer gerne noch einmal schottern möchte, kann sich auf der Erdpiste D 557 durch das idyllische Baracci-Tal bis nach Propriano noch einmal vergnügen. Die D 420 bleibt derweil auf knapp 1000 Metern Höhe und mausert sich allmählich zur Panoramastrecke.

Am Col de Tana schwenken wir in einer Linkskurve in das schluchtige Coscione-Tal und haben freie Sicht bis zu den wild gezackten Bergspitzen des Bavella-Gebirges im Osten, auch bezeichnet als die Dolomiten Korsikas. Im Vordergrund ist Aullène auf einem Felsplateau bereits erkennbar. Die Straße klebt spektakulär an den rot leuchtenden Felshängen, und wir drehen wieder genüsslich am Gashahn. Mit zunehmender Annäherung an den Talgrund wird es wieder stetig grüner um uns herum, bis wir ein herrliches Waldstück durchstreifen. Wir gewinnen schnell an Höhe und erreichen erneut Aullène, das wir bereits von der Anfahrt auf den Col de la Vaccia kennen.

Diesmal verlassen wir den Verkehrsknoten jedoch in südlicher Richtung und kommen wieder auf die D 69. Auch nach Süden hat das Sträßchen nichts von seinen Kurvenqualitäten eingebüßt. Bis zum Erreichen des Rizzanese-Tals stört keine Gerade den Lastwechselrhythmus. Also pendeln wir uns wieder ein und genießen einfach. Kleinere Bergdörfer liegen auf der Strecke, ansonsten sind wir weitgehend im Wald und alleine unterwegs.

## Stopp neben der Kirche

Je näher wir der Küste kommen, desto flacher wird die Landschaft. Zunehmend gewinnt Felderwirtschaft wieder die Oberhand. Wir wechseln auf die D 119 und kommen über Arbellara nach Viggianello. Direkt neben der Kirche legen wir einen letzten Stopp auf der idyllischen Terrasse bei Chez Charlot ein. Von der um einen stattlichen Ahornbaum herumgebauten Terrasse haben wir einen fantastischen Blick auf den gesamten Golf von Valinco und Propriano, unserem Tagesziel. Nun ist es nicht mehr weit bis zur Küste.

Das touristische Leben findet in Propriano um den Jachthafen herum statt. Wir suchen uns Parkplätze an der Hafenpromenade und lassen den Abend im sehr empfehlenswerten Restaurant Tempi-Fa in der Avenue Napoléon III und weiteren Etablissements ausklingen. ◄

Vom Col de Tana schweift der Blick bis zu den Dolomiten Korsikas.

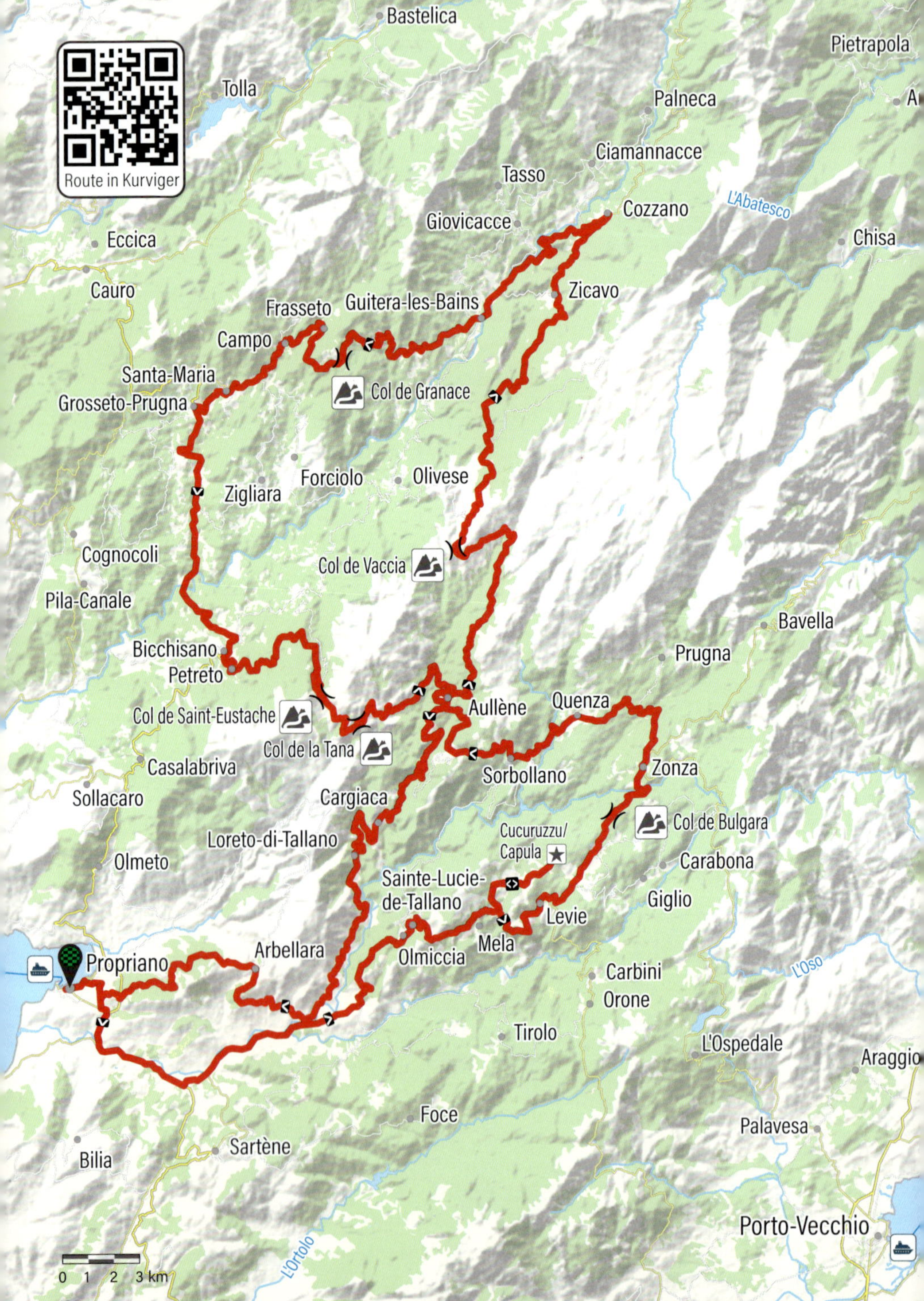
Route in Kurviger
Bastelica
Acciani
Pietrapola
Tolla
Palneca
Ciamannacce
Tasso
Cozzano
L'Abatesco
Giovicacce
Chisa
Eccica
Cauro
Zicavo
Frasseto
Guitera-les-Bains
Campo
Santa-Maria
Grosseto-Prugna
Col de Granace
Zigliara
Forciolo
Olivese
Cognocoli
Col de Vaccia
Pila-Canale
Bavella
Bicchisano
Prugna
Petreto
Quenza
Aullène
Col de Saint-Eustache
Col de la Tana
Sorbollano
Casalabriva
Zonza
Sollacaro
Cargiaca
Col de Bulgara
Loreto-di-Tallano
Cucuruzzu/
Capula
Olmeto
Carabona
Sainte-Lucie-
de-Tallano
Giglio
Levie
Mela
Arbellara
Propriano
Olmiccia
Carbini
L'Oso
Orone
Tirolo
L'Ospedale
Aragio
Foce
Palavesa
Sartène
Bilia
Porto-Vecchio
L'Ortolo
0 1 2 3 km

**200 km**
**4,5 h**
**1-2 T**

## ROADBOOK

Propriano, Sainte-Lucie-de-Tallano, Cucuruzzu / Capula, Levie, Zonza, Aullène, Zicavo, Cozzano, Guitera-les-Bains, Grosseto-Prugna, Petreto-Bicchisano, Aullène, Loreto-di-Tallano, Arbellara, Viggianello, Propriano.

## AUF DIE PÄSSE

Die fünf Pässe dieser Etappe lauten: **Col de Bulgara, 737 m** (GPS 41.732472, 9.155826), **Col de Vaccia, 1191 m** (GPS 41.822969, 9.084147), **Col de Granace, 855 m** (GPS 41.886332, 9.032190), **Col de Saint-Eustache, 995 m** (GPS 41.773946, 9.021943), **Col de la Tana, 975 m** (GPS 41.764650, 9.041070).

## CHARAKTERISTIK

Die Tour führt tief in das südliche Landesinnere. Die kleinen Straßen in gutem bis sehr gutem Zustand bieten jede Menge Kurvenspaß und sind überwiegend von Wald umgeben. Ausnahmen bilden die Panoramastrecken über die Pässe Col de la Vaccia, Col de Saint-Eustache und Col de Tana, die durch Felsgebiet führen mit freier Sicht über die Mittelgebirge.

## SCHAUEN

Auf der **Spin'a Cavallu** reiten (GPS 41.655114, 8.981193), in **Cucuruzzu** Frühgeschichte fühlen (GPS 41.717063, 9.128129), in Levie die **Dame von Bonifacio** besuchen (GPS 41.704430, 9.124846), zum **Col de Vaccia** die Ideallinie perfektionieren (GPS 41.823620, 9.084002), im **Chez Charlot** auf der Terrasse abhängen (GPS 41.681873, 8.951672), in **Propriano** ins Nachtleben stürzen (GPS 41.675896, 8.903665).

## SCHLAFEN

Das **Beach Hotel** in Propriano (GPS 41.675095, 8.897098) bietet eine geniale Lage: Es liegt sowohl direkt am Strand als auch in unmittelbarer Nähe zur belebten Hafenpromenade. Die Zimmer haben teilweise Meerblick, sind modern und mit Kühlschrank und Klimaanlage eingerichtet. Außerdem gibt es ein üppiges Frühstücksbuffet und eine kostenlose Tiefgarage für Motorräder. Einziges Manko: Es fehlt ein Pool.

**beachhotel-propriano.com**

Eine sehr gechillte Alternative für Camper liegt auf der anderen Seite der Bucht von Propriano und direkt am feinen Sandstrand Plage de Campitellu. Wie die meisten Plätze auf Korsika bietet auch **Camping chez Antoine** (GPS 41.694861, 8.883444) neben Zelt- und Stellplätzen Übernachtungen in Chalets oder Mobilheimen an. Wer länger verweilt, wird diese Alternativen zu schätzen wissen. Einen Laden gibt es nicht, aber ein Restaurant.

**campingchezantoine.com**

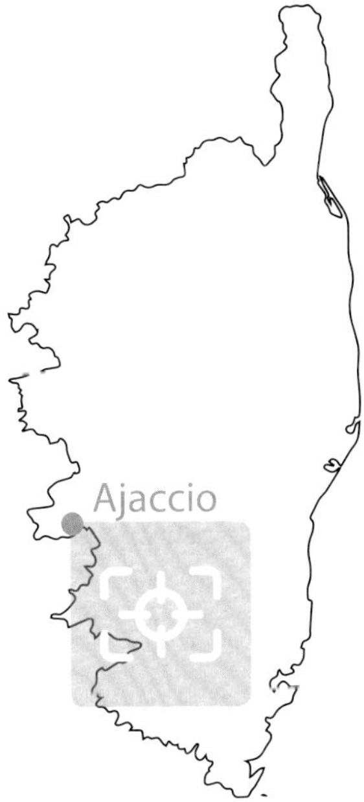


## SCHLEMMEN

Ob auf einen Sundowner nach der Tour oder einen leckeren Abendschmaus, das **L'Ambata** (GPS 41.675556, 8.900944) am Hafen von Propriano ist eine gute Wahl. **lambata.com**

Fast auf den Meter genau bei Halbzeit liegt das **U Vergaghiu** (GPS 41.914344, 9.110826) in günstiger Lage direkt an der D 757. Gute Auswahl trotz kleiner Karte, faire Preise und leckerer Mittagstisch lohnen den Stopp.

# Auf in den Süden

Auf dem Weg zur Südspitze ändert sich das Landschaftsbild mehrmals und ist so ganz anders, als man es vom übrigen Korsika kennt. Der Rückweg führt über einen der einsamsten Pässe in Vulkangebiet.

An der Ideallinie entlang nach Bonifacio.

Sartène begeistert mit turmhohen Häusern an engen Gassen.

Sie wird in der Literatur gerne als „die korsischste aller korsischen Städte“ bezeichnet. Die Rede ist von Sartène, der Hauptstadt der Region Sartenais. Tatsächlich findet man in dem mittelalterlichen Ort viele Merkmale, die typisch sind für korsische Bergdörfer: enge Gassen, turmhohe Häuser mit braungrauen Wänden, abenteuerlich außen verlegte, marode Abwasserleitungen, eingeklappte Fenster-läden und über die Wege gespannte Wäscheleinen. Aber solche Orte gibt es viele auf Korsika.

Als touristischer Slogan hat er jedoch durchaus seine Berechtigung. Tatsächlich wird Sartène vor allem in der Ferienzeit besucht, was den Verkehr vor allem in der Oberstadt oft fast zum Erliegen bringt. Zentraler Treffpunkt in der Oberstadt ist die Place Porta (die eigentlich Place de la Libération heißt, aber so nicht genannt wird). Hier reihen sich Restaurants und Cafés mit chilligen Terrassen und Souvenirshops eng aneinander. Ältere Einwohner sitzen gerne auf den verstreut aufgestellten Parkbänken, dazwischen spielen Kinder. Hier kommen alle zusammen.

Direkt hinter der Kirche Sainte Marie de l'Assomption beginnt die Altstadt. Die Geräuschkulisse verstummt schlagartig, kein Sonnenstrahl dringt mehr in die engen, dunklen Gassen, und auffallend wenig Einheimische sind unterwegs. Die morbide und etwas düstere Atmosphäre bietet jede Menge stimmungsvolle Fotomotive, die im krassen Gegensatz stehen zu den lebendigen Eindrücken auf dem belebten und touristischen Hauptplatz.

Auf der Place Porta in Sartène ist immer viel Betrieb.

## Der Sonne entgegen

Wir starten auf der T 40 in Richtung Süden. Die ersten Kurven auf der Hauptverkehrsstraße machen Laune. Die Aussicht bis zum Küstengebirge und dem Golf von Valinco ist fantastisch. So cruisen wir mit einem guten Gefühl der Sonne entgegen. An der Bocca Albitrina verlassen wir die Hauptstraße bereits wieder in Richtung Tizzano. Der alte Hafen von Sartène verfügt über einen tollen, weitläufigen Sandstrand mit guter Gastronomie im Ort.

Wir biegen jedoch nach siebeneinhalb Kilometern ab zu den Alignements de Stantari auf dem Plateau de Cauria. Nach weiteren viereinhalb Kilometern auf einer immer schmaler und schlechter werdenden Asphaltpiste erreichen wir einen Naturparkplatz.

Von dort sind es zu Fuß zehn Minuten bis zu den Menhiren von Stantari, einer Ansammlung von elf bis zu zweieinhalb Meter hohen und über 4 000 Jahre alten Steinsäulen in zwei Reihen, die der Megalithkultur zugeordnet werden. Über einen

Viel Meerblick gibt es auf Korsikas „Highway No. 1".

Bikertreff an der Parkbucht oberhalb des Rocher du Lion.

Rundweg kommen wir an weiteren Steinsäulen aus der Epoche vorbei, den Alignements de Renaghju und zum Dolmen de Funtanaccia, einer Grabkammer mit senkrecht aufgestellten Steinplatten und einer riesigen Deckelplatte. Erstaunlich, dass diese Funde so lange Zeit schadlos überstanden haben. Andererseits kann man sich auch fragen, warum sich irgendwer in dieser gottverlassenen Gegend niederlässt.

Auf dem gleichen Weg fahren wir zurück bis zur Einmündung in die T 40. Die Hauptstraße ist herrlich zu fahren, breit, griffig und mit langen, übersichtlichen Kurven. Wir stechen durch die unberührte Natur, zwischen dicht bewachsenen Hügeln hindurch, stets auf eine saubere Ideallinie bedacht. Je weiter wir in den Süden kommen, desto flacher wird das Gelände. Üppiger Wald weicht Feldern und Weingütern.

## Ausgefranste Felsküste

An der Bocca di Curali zweigt neben der gleichnamigen Auberge ein Schotterweg ab, der zur Plage de Roccapina führt, einem der schönsten Sandstrände an der Südwestküste. Kurz nach dem Pass haben wir wieder Meerblick. An der Parkbucht

Die Menhire von Stantari sind mehr als 4 000 Jahre alt.

gegenüber dem Restaurant Sereni Livia halten wir an und nehmen den „Löwen von Roccapina" ins Visier. Die Felsformation ähnelt tatsächlich einem halb auf dem Rocher du Lion liegenden Löwen.

Schlagartig ändert sich die Landschaft. Die beschauliche Inlandsstrecke wird zur Küstenpanoramastraße. Wir fühlen uns wie auf dem Highway No. 1 in Kalifornien. Unter uns präsentiert sich das Meer türkisfarben vor der ausgefransten Felsküste. Abermals ändert sich die Umgebung, nachdem die Küstenstraße noch einmal ins Hinterland schwenkt. Weite Landschaften breiten sich nunmehr vor uns aus.

Die Straße zieht sich nun bolzengerade durch die monotone und leicht wellige Gegend. Weit entfernt begrenzt die Gebirgskette des Cagna-Gebirges den Horizont. Wir wähnen uns immer noch in den amerikanischen Weiten und fliegen durch die Landschaft.

## Schöne Sandstrände

Erstmalig seit Sartène erreichen wir wieder eine Ortschaft. In Pianottoli-Caldarello zweigt rechts die D 122 Richtung Bord de Mer ab und führt zu mehreren schönen Sandstränden in der Bucht von Figari. Achtung, am Ortsausgang Richtung Bonifacio steht einer der wenigen stationären

Diese Felsformation ähnelt einem liegenden Löwen.

Blitzer! Hinter der Bocca di a Testa nähern wir uns wieder dem Meer.

Auch im Golf von Ventilegne zweigen mehrere Schotterpisten zu den drei Plages de la Testa. Der traumhafte Strand von Tonnara ist über eine Asphaltstraße und die Plage de Stagnolu über Schotter erreichbar. Unser Etappenziel ist Bonifacio im äußersten Süden.

Die Steilküste besteht aus Kalkstein. Passend dazu präsentiert sich die Oberstadt Bonifacios mit ihrer wuchtigen Stadtmauer imposant auf

Lange Geraden sind auf Korsika extrem selten.

Bonifacio gilt als eine der schönsten Städte ganz Frankreichs.

einem 1500 Meter langen und 60 Meter hohen spektakulären Kreidefelsen. Für die Stadtbesichtigung sollte man sich einen halben Tag Zeit nehmen oder gleich eine Zwischenübernachtung einbauen, zum Beispiel im Hotel Étrangers mit Motorradgarage.

## Spektakuläre Kulisse

Am Hafen unten buhlen Cruise-Veranstalter um zahlende Passagiere für Rundfahrten um die Felsnadel und zur nur vom Meer aus erreichbaren Grotte de Sdragonato. Tatsächlich ist eine Bootsfahrt durchaus empfehlenswert in Anbetracht der spektakulären Kulisse. Jede Menge Restaurants, Bars und Shops reihen sich entlang der mondänen Hafenpromenade Quai Jérôme Comparetti dicht aneinander. Dahinter liegen im Sommer sündhaft teure Jachten vor Anker. Ganz am Ende macht die Pendelfähre der Mobylines fest, die mehrmals am Tag zwischen Bonifacio und Santa-Teresa-di-Gallura auf Sardinien verkehrt.

Das Denkmal für die Fremdenlegionäre und die ausgeklügelten Wasserleitungen (von oben).

Über die Rastello-Treppe stapfen wir in die Oberstadt. Oben blicken wir auf Häuser, die absturzgefährdet auf dem überhängenden Abgrund stehen. Tief unten aus dem Meer ragt der gewaltige Monolith Grain de Sable (auf Deutsch: Sandkorn) empor, der sich einst aus der brüchigen Felswand löste. Dahinter zieht sich die steil abfallende, stark zerklüftete Felsküste bis zum Leuchtturm Phare du Pertusato. Am Horizont sind die in hellem Weiß leuchtenden Kreidefelsen

Blick auf Bonifacios Hafen und die Unterstadt.

Sardiniens erkennbar. Die Meerenge beträgt lediglich 18 Kilometer.

## Geniales Wassersystem

Durch das Stadttor gelangen wir in die Oberstadt aus dem 16. Jahrhundert. Durch ein geniales Wasserleitungssystem waren die Häuser über Wasserrinnen miteinander verbunden, die von einer zentralen Zisterne gespeist wurden. Reste davon gibt es noch heute. Den engen Gassen folgen wir zur Escalier d'Aragon, einer steilen Treppe mit 187 Stufen, die der Legende nach in einer Nacht in den weichen Fels geschlagen wurde, um den belagerten Einwohnern die Flucht zu ermöglichen. Sie führt spektakulär bis knapp über der Wasserlinie und dann parallel weiter zu einer kleinen Bucht.

Auf unserem Weg zurück in die Oberstadt wandeln wir durch das ehemalige Kasernengelände der Fremdenlegion und kommen zum Friedhof. Da die Toten auf Korsika generell oberirdisch beerdigt werden, ist er wie eine kleine Stadt für sich.

**AUTOREN-TIPP**

Kuren in den **Bains de Caldane**. Direkt an der D 548 und am Fiumicicoli-Bach befinden sich die heißen, schwefelhaltigen Quellen. In drei 38 Grad warmen Wasserbecken haben sechs bis acht Personen Platz, um sich ein wenig locker zu machen. Danach empfiehlt sich ein kleiner Chillout. Das kann auf der Liegewiese, bei einer Massage, einem Imbiss im zugehörigen Bistro oder bei etwas Flüssigem erfolgen.

**GPS 41.664068, 9.051311**

Viele Familien haben eigene Grabhäuser, in denen ihre Angehörigen in gemauerten Schächten, mit einer Granitplatte verschlossen, bestattet werden. Hinter dem Friedhof hat die deutsche Wehrmacht im Zweiten Weltkrieg einen Tunnel durch den Fels gegraben – bis zu einer Aussichtskanzel auf halber Felshöhe. Dort stand ein riesiger Scheinwerfer, mit dem die Meerenge überwacht werden konnte. Heute genießen friedfertigere Besucher diesen spektakulären Blick entlang der Kreidefelsen und bis nach Sardinien.

## An die Abbruchkante

Wir wollen die Südspitze noch weiter erkunden und fahren auf der D 260 in Richtung Leuchtturm. Von hier aus kommen wir noch einmal ganz nah an die Abbruchkante heran. Absperrungen gibt es erstaunlicherweise keine. Die Blicke in die Tiefe und auf Bonifacio sind atemberaubend.

Wir stechen durch bis zur Ostseite. Die Plage de Piantarella ist ein beliebter Surferstrand, weil die Meerenge bis zur vorgelagerten Isola Piana wie eine Düse wirkt. Den schönsten Strand, die Plage du petit Sperone mit einer kleinen Sanddüne, erreicht man, indem man rechts an einer römischen Ausgrabungsstätte vorbei noch ein Stück weiter durch die Macchia geht. Wir fahren derweil an der Küste entlang und an mehreren Ferienanlagen vorbei.

Die Straße wechselt zwischen Asphalt- und Erdpiste hin und her. Ab der D 258 ist wieder alles asphaltiert. Über die D 60 erreichen wir die „Ostküsten-Autobahn“ T 10. Sie ist

Über die legendäre Treppe des Königs von Aragon gelangt man von der Oberstadt ans Meer.

Der einsame Leuchtturm am Capo Pertusato.

die schnellste Nord-Süd-Verbindung der Insel und führt von Bonifacio bis nach Bastia. Um Strecke zu machen, ist sie sehr gut geeignet. Aber aufpassen, auf der Höhe des Campingplatzes U Farniente lauert ein weiterer stationärer Blitzer. Nach acht Kilometern verlassen wir die Küstenstraße wieder und biegen auf die D 59 – und damit in das Landesinnere ab.

## Stetig bergauf

Das schmale, kaum vier Meter breite Sträßchen ist in sehr gutem Zustand und führt uns stetig bergauf. Die Straße ist gesäumt mit Garrigue (eine mediterrane Strauchheidenformation) und schlängelt sich übersichtlich durch die Landschaft. Wenn das Gestrüpp aufbricht, blicken wir auf umliegende, unbebaute Hügel. Im Hintergrund ragt das gewaltige Cagna-Gebirge hervor. Hinter Zucalella erwartet uns im Dörfchen Canni ein besonders schönes Exemplar eines sogenannten Oriu.

Das sind durch Wind- und Wasser-Erosion fast vollständig ausgehöhlte Felsen, die an der offenen Vorderseite zugemauert sind. Diese Art der Behausung diente den Hirten im 16. und 17. Jahrhundert als temporärer Unterschlupf, während ihr Weidevieh in weiter entfernten Gegenden Nahrung fand. Tatsächlich bietet ein Oriu durchaus eine komfortable und vor allem trockene Unterkunft.

Der Oriu von Canni befindet sich etwas oberhalb des Dorfes, versteckt in der Macchia. Leider ist er kein Geheimtipp mehr. Die Anwohner beschweren sich über zuviel Zulauf. Es kann also sein, dass die Besuchsmöglichkeiten in naher Zukunft eingeschränkt werden.

Der einzige größere Ort auf der Strecke ist Sotta, an der Querverbindung zwischen Ost- und Westküste gelegen. Wir überqueren die Straße und nehmen uns die Bergstrecke über den Col de Bacinu vor. Unseren Weg säumen Korkeichen, die hier weit verbreitet sind und früher einen wesentlichen Wirtschaftsfaktor auf der Insel darstellten.

Dem Abzweig nach Raghinu folgend, kann man den Oriu von Chera besichtigen. Hinter dem Ort beginnt der eigentliche Aufstieg zum Pass. Mischwald breitet sich aus. Die Straße wird kurviger. Wir gewinnen schnell an Höhe und genießen bald die herrliche Talsicht bis zur Ostküste. Vor dem unbeleuchteten Naturfelstunnel Scaffi d'Ocholo halten wir kurz an einer Parkbucht mit einem Gefallenendenkmal für die Widerstandskämpfer im Zweiten Weltkrieg.

## Pass mit gutem Belag

Der Blick bis zur Ostküste ist fantastisch. Der Platz scheint allerdings für die Entsorgung alter Autos beliebt zu sein. Kurvenreich geht es weiter bis zum Col de Bacinu auf 809 Metern. Der Pass selbst ist eher unscheinbar und besteht aus einer langen Geraden über eine flache, dicht bewaldete Kuppe. Auf gutem Belag kurven wir bis nach Orone. Dort biegen wir scharf links ab in Richtung Tirolo. Geschmeidig wedeln wir auf dem schmalen Sträßchen durch das einsame Waldgebiet. In Tirolo wechseln wir auf die D 548. Aussichtsreich und in engen Serpentinen nähern wir uns schließlich dem Fiumicicoli-Tal.

Am Talgrund angekommen, folgen wir dem Bach bis zu den heißen Quellen von Caldane (Bains de Caldane). In diesem Vulkangebiet hat der Besitzer eine hübsche kleine Kuranlage mit ein wenig Gastronomie erbaut (siehe Autoren-Tipp). Ein wenig Muskelentspannung kann ja nicht schaden. Also legen wir einen finalen Stopp ein, bevor wir tiefenentspannt die letzten 13 Kilometer zurück nach Sartène gleiten. ◄

Kurze Verschnaufpause auf dem Weg zum Col de Bacinu.

## TOUR 9 SÜDWESTEN UND BONIFACIO

**170 km**
**4 h**
**1-2 T**

## ROADBOOK

Sartène, Plateau de Cauria, Pianottoli-Caldarello, Bonifacio, Capo Pertusato, Piantarella, Zucalella, Canni, Sotta, Orone, Tirolo, Pantano, Bains de Caldane, Granace, Sartène.

## AUF DIE PÄSSE

Die fünf Pässe dieser Etappe lauten: **Bocca Albitrina, 291 m** (GPS 41.615252, 8.949896), **Bocca di Roccapina, 149 m** (GPS 41.497791, 8.949229), **Bocca di Curali, 100 m** (GPS 41.515303, 8.950076), **Bocca di à Testa, 70 m** (GPS 41.470194, 9.096), **Col de Bacinu, 809 m** (GPS 41.631308, 9.152105).

## CHARAKTERISTIK

Die Tour mit viel Abwechslung ist bewusst etwas kürzer gehalten, damit genügend Zeit für die lohnenswerte Besichtigung Bonifacios bleibt. Die Küstenstraße in den Süden ist hervorragend ausgebaut und erlaubt hohe Drehzahlen. An der Südspitze sind ein paar kürzere, aber harmlose Erdpisten zu überwinden, bevor es auf schmalsten, aber gut bis sehr gut asphaltierten Waldsträßchen wieder zurück nach Sartène geht.

## SCHAUEN

**Sartène**, die korsischste aller korsischen Städte entdecken (GPS 41.621149, 8.972478), in **Cauria** Frühgeschichte anschaulich erleben (GPS 41.535518, 8.916292), den **Löwen von Roccapina** fotografieren (GPS 41.499250, 8.948578), am **Tonnara-Strand** einen Badestopp einlegen (GPS 41.426622, 9.106144), sich Zeit nehmen für **Bonifacio** (GPS 41.387465, 9.154801), die **Grotte du Sdragonato** mit dem Boot erkunden (GPS 41.388790, 9.165256).

## SCHLAFEN

Das **San Damianu** in der Rue Jean Nicoli in Sartène (GPS 41.619590, 8.968743) gehört zur Kette der Best Western Hotels. Es liegt fußläufig zur Altstadt in Hanglage mit traumhaften Blick über die Berge und zum Golf von Valinco. Geboten werden riesige, vollklimatisierte Zimmer, Frühstücksbuffet, Privatparkplatz und ein großer Pool. **sandamianu.fr**

Wer es lieber etwas familiärer mag, ist im **Le Rossi** (GPS 41.621917, 8.964139) genau richtig. Gerade mal 16 hübsche Zimmer, ein liebevoll zusammengestelltes Frühstücksbuffet, ein erfrischender kleiner Pool und private Parkplätze. Das genügt doch. Sollte allerdings frühzeitig reserviert werden.
**hotelrossi-sartene.com**

## SCHLEMMEN

Das ist doch mal ein Imbiss nach unserem Geschmack: Im **La Minute Moule** in Bonifacio (GPS 41.387444, 9.155667) ist der Name Programm. Kein Burger, keine Pizza, aber die klassischen Moules frites in drei Basisvariationen, dazu in drei Größen zur Wahl. Spezialsoßen kosten extra. Und das alles auch noch mit Aussicht auf die Hafenbucht.

Auf einer hübschen Terrassenanlage serviert das **Le Jardin de l'echauguette** (GPS 41.620806, 8.971389) in Herzen von Sartène leckere korsische Küche zu fairen Preisen. Neben den Einzelgerichten lohnt das Menu Corse für um 30 Euro einen Blick. Drei Gänge mit jeweils mehreren Wahlgerichten sind ihr Geld wert.

SAUF FORESTIERS
SAPEURS

# Korsische Dolomiten

Von der Ostküste geht es in die Berge. Höhepunkt ist der Col de Bavclla mit seinen prägnanten Felsformationen, die auch als korsische Dolomiten bezeichnet werden. Am Ende der Tour ist Strandvergnügen angesagt.

Der Col de Bavella ist eine spektakuläre Bergstrecke in den korsischen Dolomiten.

Von Ceccia aus bietet sich die Aussicht auf Porto-Vecchio.

Porto-Vecchio ist nach Ajaccio und Bastia die drittgrößte Stadt Korsikas und ein wichtiger Fährhafen im Südosten der Insel. Einst als griechische Kolonie gegründet, entwickelte es sich über die Jahrhunderte zu einem Handelszentrum. Die Schwerpunkte lagen auf dem Export von Kork und der Salzgewinnung. Die einzigen Salinen der Insel befinden sich zwischen Jacht- und Fährhafen. Sie sind jedoch seit Jahren stillgelegt. Der wirtschaftliche Schwerpunkt liegt inzwischen auf dem Tourismus.

Porto-Vecchio hat eine Ober- und eine Unterstadt. Der Küstenbereich besteht im Wesentlichen aus den Jacht- und Industriehäfen, Geschäften und einigen Restaurants. Die Oberstadt beherbergt die sehenswerte Altstadt mit seiner teilweise noch erhaltenen Stadtmauer aus dem 16. Jahrhundert. Früher war die Porte Génoise der einzige Zugang zur Altstadt.

Innerhalb der Stadtmauer schließt sich direkt die Rue U Borgo an. Restaurants und Bars säumen die Straße und bieten auf ihren Terrassen wunderbare Aussicht auf Hafen und Unterstadt. Wer gerne shoppen geht, wird in der hübschen Fußgängerzone fündig. Auf der zentralen Place de la

République finden im Sommer oft Musikevents statt, denen man in den Cafés lauschen kann.

## Tolle Badebuchten

Unsere Musik spielt auf der Straße, und so machen wir uns auf in den Norden, immer an der Küste entlang. Die D 568 führt uns durch das Villenviertel gut betuchter Porto-Vecchianer. Dahinter schließen sich eine Reihe von Feriendörfern und Campingplätze an. Die Straße ist gesäumt von Korkeichen. Die Bucht von San Ciprianu ist die erste der traumhaften Badebuchten.

Merkmale aller Strände rund um Porto-Vecchio sind feiner, weißer Sand mit türkisfarbenem Meer. Die Strände fallen flach ab und sind außerhalb der Saison fast menschenleer. Den schönsten Blick auf den Strand und den Mündungsbereich des Oso-Bachs hat man am Ende der D 668, wenn man von dort zu Fuß noch weiter bis zum verfallenen Genuesertum Cala Rossa geht.

Die nächste der Traumbuchten ist der sichelförmige Golf von Pinarellu. Ein ausgedehnter Pinienwald reicht bis an den Strand. Zugang findet man über mehrere Stichstraßen.

Über die D 168A verlassen wir zunächst die Küste und stoßen in Sainte-Lucie-de-Porto-Vecchio auf die T 10. Geradeaus gelangt man in das idyllische Cavo-Tal. Die breit ausgebaute Hauptverkehrsstraße fuhrt uns wieder zurück an die Küste. Bald

Die Plage de Palombaggia gilt als Korsikas schönster Strand.

Die Badegumpe am Cavo hat sogar einen kleinem Sandstrand.

rückt der Genueserturm von Fautea ins Blickfeld, der in exponierter Lage auf einem vorgelagerten Felsen thront und besichtigt werden kann.

## Ein Stück Feldweg

Nördlich und südlich davon erstrecken sich zwei weitere schöne Sandbuchten. Die nördliche befindet sich direkt neben der Straße und ist mit einem Campingplatz und einer gemütlichen Strandbar ausgestattet. Direkt hinter der Bar, am Ende des Strands, zweigt links ein Asphaltsträßchen ab mit einem Hinweis auf das Capo di Stelle. Hier biegen wir links ab und folgen der Straße, bis nach etwa 300 Metern wieder links ein Feldweg abzweigt. Den nehmen wir und finden uns plötzlich vor einem riesigen schwarzen Loch in der Felswand wieder.

Bei ihm handelt es sich um den südlichen Ausgang des letzten noch vorhandenen Tunnels der ehemaligen Eisenbahnstrecke an der Ostküste. Bis in den Zweiten Weltkrieg gab es dort eine Bahnlinie von Bastia bis nach Porto-Vecchio. Diese wurde jedoch von der deutschen Wehrmacht 1943 zerstört und nach dem Krieg nicht wieder aufgebaut. Geblieben sind alte Brücken und Bahnhöfe, die mittlerweile abgerissen oder umgewidmet wurden. Und es gibt noch diesen einen Tunnel.

Der nördliche Eingang ist nicht mehr zugänglich, weil ein Unternehmen dort eine Champignon-Zucht unter idealen klimatischen Bedingungen betreibt. Aber von Süden ist er auf einer Länge von 400 Metern begehbar (Taschenlampe empfohlen). Das Gleisbett ist noch vorhanden, aber die Gleise mittlerweile entfernt.

Man könnte den Tunnel sogar befahren, aber darauf bitte ich mit Rücksicht auf die Fledermäuse, die sich dort eingenistet haben, zu verzichten. In Verlängerung des Tunnels ist auch noch der Bahndamm erkennbar.

Zurück an der Hauptstraße rollen wir weiter an der Küste entlang. Es folgen in kurzen Abständen eine ganze Reihe kleinerer Sandbuchten. Besonders erwähnenswert ist die Plage de Canella. Der Strand liegt etwas versteckt hinter einem kleinen Steineichenwäldchen und verfügt über drei Bar-Restaurants und einen angeschlossenen kleinen, rudimentär ausgestatteten, aber überaus charmanten Campingplatz unter dichten Bäumen. Die Unterwasser-Flora und -Fauna bilden ein ideales Schnorchelrevier.

Die Plage de Canella ist ein tolles Schnorchelrevier.

Nach wenigen Kilometern kommen wir nach Solenzara, einem typischen Ferienort an der Ostküste mit Restaurants, Cafés und den üblichen Shops. Am Ende des Ortes, noch vor der Überquerung des gleichnamigen Flusses, biegen wir links ab in Richtung Zonza, das wir bereits von der Tour 9 kennen. ►

Der Tunnel einer ehemaligen Eisenbahnstrecke.

Morgenstimmung am Turm von Fautea.

Die Straße hoch zum Col de Bavella ist die wohl schönste und spektakulärste Bergstrecke im gesamten Südteil der Insel. Sie führt zunächst an der Solenzara entlang. Der Fluss ist beliebt weil er viele idyllische Badestellen bietet und relativ warm ist im Vergleich zum Beispiel zur sehr erfrischenden Restonica. Eine erste Top-Badestelle mit kleinem Kiesstrand in der Flussbiegung ist auf der Höhe des Campingplatzes U Rosumarinu.

Es geht weiter bergauf im Wedelmodus. Die Straße hat Grip, und wir sind ganz in unserem Element. Auf dem weiteren Weg zum Larone-Pass kommen wir durch Waldbrandgebiet. Hier wird uns bewusst, dass damit in Zukunft noch viel häufiger zu rechnen ist angesichts weiter steigender Temperaturen.

Bald haben wir den Col de Larone auf 608 Metern erreicht. In der Saison steht hier alles vollgeparkt mit Autos. Aus gutem Grund: Die Cascades de Pucaraccia sind längst kein Geheimtipp mehr. Der Nebenfluss der Solenzara hat mehrere blaugrünfarbige Gumpen ausgewaschen, die über natürliche Rutschen miteinander verbunden sind. Badespaß ist garantiert. Auch Canyoning wird hier betrieben.

## Die Dolomiten Korsikas

Am Pass kommen allmählich die steil aufragenden Felstürme des Bavella-Gebirgszugs in Sicht. Nun wird auch klar, warum sie auch als „Dolomiten Korsikas“ bezeichnet werden. Dort wollen wir hin.

Die Solenzara ist ein beliebter Badefluss.

Doch zunächst haben wir eine steile Abfahrt mit einigen Haarnadelkurven vor uns, die uns hinunter führen in die Bavella-Schlucht. Die Fahrt durch Kiefernwald und zwischen hochaufragenden Felsen hindurch ist grandios. Am Talgrund überqueren wir den Bach Polischellu. Auch er ist mit seinen Kaskaden und Badegumpen mittlerweile ein sehr populäres Ziel.

## Neun Kilometer Genuss

Danach beginnt der finale Anstieg. Und auch hier stimmt wieder die Kombination aus Grip und der Rhythmus. Die neun Kilometer bis zum Pass auf 1218 Metern Höhe sind reiner Genuss. Laubwald geht in Kiefernwald über, die Spitzkehren werden enger, die Schlucht steiler und die Szenerie immer spektakulärer. Die ersten Steinhäuser des Bavella-Village kündigen den Pass an, den wir bald darauf erreichen.

Es gibt einige bewirtschaftete, rustikale Refuges (deutsch: Berghütten), die vor allem von Wanderern aufge-

Am Scheitel des Col de Bavella thront eine Marienstatue.

Hinter dem Col de Larone geht es durch die Bavella-Schlucht hinauf zum gleichnamigen Pass.

sucht werden. Beidseits der Straße gibt es Parkplätze, die im Sommer den Ansturm nicht annähernd befriedigen können. Außerhalb der Saison geht es hier oben aber moderat zu.

Wir parken vor der Marienstatue Notre Dame de la Neiges, ein beliebtes Fotomotiv mit den roten Bavella-Felsnadeln im Hintergrund. Da wir Zeit genug haben, wandern wir ein wenig herum. Berühmt ist der Bavella-Pass für seine charakteristischen, vom Wind geformten Laricio-Kiefern, die bis zu 800 Jahre alt werden können. Die schönsten Exemplare stehen fotogen am Osthang auf einer grünen Hochweide mit der Küste im Hintergrund.

## Herrliche Abfahrt

Hinter dem Pass reicht der Blick weit hinein in das Mittelgebirge Alta-Rocca. Die Abfahrt ist nicht ganz so kurvig und steil, aber ebenfalls spektakulär und herrlich zu fahren. Wir kommen direkt am Centre Hippique de Zonza vorbei, der höchstgelegenen Pferderennbahn Europas auf 950 Metern Höhe. Wer Pferde mag, kann im Sommer an den Wochenenden bei den Pferderennen zusehen und auch wetten. Dann ist Zonza erreicht, der wichtigste Verkehrsknotenpunkt im Süden, den wir bereits kennen.

Wir wollen diesmal jedoch zurück nach Porto-Vecchio, halten uns deshalb links und wechseln auf die D 368. Auf den ersten Kilometern gab es vor vielen Jahren einen Waldbrand. Brandspuren sind keine mehr zu entdecken, aber es fällt auf, dass vereinzelt Kiefern herumstehen, die den Brand überlebt haben. Der Boden ist mittlerweile von Macchia und Farnen überwachsen. Nach dem Brand blieb nicht genügend Mutterboden erhalten, um neue Bäume heranziehen zu können. So verschwindet mit jedem Brand ein Stück Wald auf Korsika für immer.

## Im Genießermodus

Mit zunehmender Strecke wird der Wald wieder dichter, und wir cruisen auf der fantastisch angelegten Traumstraße. Mit seinen langen und übersichtlichen Kurven eignet sich die Straße auch für eine wesentlich schärfere Gangart, aber wir sind im Genießermodus und lassen uns gemütlich treiben. Die Steigung ist moderat bis zur Bocca d'Illarata auf knapp 1000 Metern Höhe. Flach abfallend geht es hinter dem Pass weiter. Wir kommen an einem großen Parkplatz vorbei. Dort halten wir an für eine wunderbare und spektakuläre Wanderung zum meiner Meinung nach eindrucksvollsten Wasserfall der Insel: dem Piscia di Gallo (deutsch: Hahnenpiss; siehe Autoren-Tipp). ▶

Zonza bildet das Tor zur Ostküste.

Kurz danach überqueren wir die Staumauer des mitten im Wald herrlich gelegenen Lac de l'Ospédale. Am See entlang gibt es viele Picknickmöglichkeiten unter Schatten spendenden Kiefern. Wir kurven weiter durch den Forêt de l'Ospédale und passieren das namensgebende Dorf.

**AUTOREN-TIPP**

Wanderung zum **Wasserfall Piscia di Gallo**: Zweieinhalb Kilometer südlich der Bocca d'Illarata an der D 368 ist am Parkplatz der Startpunkt für die insgesamt zweistündige Wanderung (hin und zurück) zum spektakulärsten Wasserfall der Insel. Aus 70 Metern Höhe fällt der Oso-Bach donnernd und in freiem Fall in die Tiefe. Der Weg ist mit gutem Schuhwerk problemlos zu meistern. Im Frühjahr und am späten Vormittag ist er am eindrucksvollsten.

**GPS 41.688096, 9.200084**

Bei herrlicher Fernsicht breitet sich die Ebene um Porto-Vecchio vor uns aus mit dem tief eingeschnittenen Golf als markantem Blickfang. Nadelwald geht in Laubwald über, es wird spürbar wärmer, je näher wir der Küste kommen. Bevor wir allerdings auf die Hauptstraße T 10 treffen, arbeiten wir uns noch ein wenig an der geschmeidigen Bergstraße ab.

In der Ebene angekommen, treffen wir auf die T 10, die gut und breit als westliche Umgehungsstraße von Porto-Vecchio ausgebaut ist. Bevor wir jedoch zurück in die Stadt fahren, gönnen wir uns noch einen Abstecher um die südöstlich gelegene La Chiappa-Halbinsel, denn sie birgt einige der schönsten Strände an der Ostküste.

## Auf der Meerseite

Um auf der Meerseite zu fahren, wählen wir den Gegenuhrzeigersinn und fahren über Bocca del'Oro. Auf halber Hanghöhe führt das schmale Asphaltsträßchen vorbei an Ferienhäusern. Unser Blick schweift über das tiefblaue Meer und zu den vorgelagerten Inseln.

Knapp fünf Kilometer nach dem Abzweig auf die T 10 zweigt rechts ein schmales, unscheinbares Sträßchen ab und führt uns zum ersten Traumstrand, die Plage d'Acciaghju mit einem Parkplatz am Ende. Er ist der erste von drei Sandstränden hintereinander mit feinem, weißen Sand und einem schattigen Pinienstreifen bis an den Strand.

Alter Baumbestand säumt den Lac de l'Ospédale.

## Schön, aber überlaufen

Nach weiteren 800 Metern auf der D 768 führt ein Fußweg hinunter zur Plage de Tamaricio, dem zweiten der Top-Strände, dem sich direkt die Plage de Palombaggia anschließt. Dieser gilt gemeinhin als schönster Strand Korsikas. Es ist zweifellos landschaftlich einer der schönsten, allerdings auch der am stärksten frequentierte von den Dreien. Das liegt sicher auch an der breiten Abfahrt hinunter zum kostenpflichtigen Parkplatz und allen erdenklichen Wassersportmöglichkeiten am Strand.

Etwas weiter nördlich gibt es noch die kleine Strandperle Plage de Carataggio, die nur über einen Fußweg oder mit dem Boot erreichbar ist. Danach macht die Straße einen kräftigen Linksbogen. Es folgen einige Campingplätze. Der bekannteste ist der FKK-Campingplatz La Chiappa ganz am Ende der Punta di à Chiappa. In der Bucht von Porto-Vecchio haben sich einige Luxushotels die besten Plätze gesichert.

Wir stoßen wieder auf die T 10 und fahren diesmal direkt in die Oberstadt von Porto-Vecchio. Den Abend lassen wir in der lebendigen Altstadt ausklingen. ◄

Piscia di Gallo, der „Hahnenpiss", der wohl spektakulärste Wasserfall Korsikas (links).

# TOUR 10 SÜDOSTEN UND COL DE BAVELLA

**150 km**
**3 h**
**1-2 T**

## ROADBOOK

Porto-Vecchio, Pinarella, Sainte-Lucie de Porto-Vecchio, Tarco, Favone, Solenzara, Bavella, Zonza, L'Ospédale, Porto-Vecchio, Bocca di l'Oru, Porto-Vecchio.

## AUF DIE PÄSSE

Die fünf Pässe dieser Etappe lauten: **Bocca di Larone, 608 m** (GPS 41.831922, 9.275906), **Col de Bavella, 1218 m** (GPS 41.795869, 9.224957), **Bocca di Pelza, 874 m** (GPS 41.736125, 9.204011), **Bocca d'Illarata, 991 m** (GPS 41.704639, 9.211381), **Col de l'Ospendale, 950 m** (GPS 41.657527, 9.189911).

## CHARAKTERISTIK

Der Reiz des Südostens liegt in der abwechslungsreichen Landschaft. Hier gibt es die schönsten Strände an der gesamten Ostküste. Die Küstenstraße ist breit ausgebaut und dient zum Strecke machen. Das ändert sich bei Solenzara auf dem Weg über den spektakulären Col de Bavella und über L'Ospédale zurück nach Porto-Vecchio. Die Straßenqualität ist durchweg hervorragend und eignet sich perfekt zum Cruisen und zum Sportwedeln.

## SCHAUEN

Einen stillgelegten **Eisenbahntunnel** erkunden (GPS 41.721158, 9.399843), einen genuesischen **Wachturm** besteigen (GPS 41.714681, 9.401751), in der **Solenzara** flussbaden (GPS 41.843739, 9.343044), am **Col de Bavella** die Bergluft genießen (GPS 41.795905, 9.224794), am **Lac de l'Ospédale** picknicken (GPS 41.664536, 9.199961), am schönsten **Strand** der Insel baden (GPS 41.552783, 9.312574).

## SCHLAFEN

Das **Hotel San Giovanni** an der Route d'Arca (D 659) liegt drei Kilometer von der Altstadt Porto-Vecchios entfernt – und zwar mitten im Grünen (GPS 41.580498, 9.254770). Toller Garten und alles sehr geschmackvoll eingerichtet. Große und moderne Zimmer mit Terrasse, vollklimatisiert, Frühstücksbuffet, eigenes, sehr gutes Restaurant, Privatparkplatz, großer Pool, Jacuzzi und Sauna.

**hotel-san-giovanni.com**

Wer dem Trubel der Stadt entgehen und campen möchte, findet an der Bucht von Porto-Vecchio einige Plätze. Sehr schön ist **Camping Golfo Di Sogno** (GPS 41.628528, 9.314583). Direkt am Meer stehen traumhafte Zeltplätze und natürlich Chalets und Bungalows zur Verfügung. **golfo-di-sogno.fr**

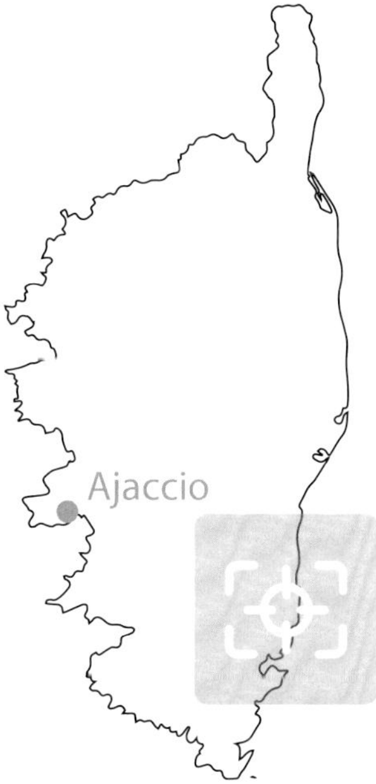


## SCHLEMMEN

Der Col de Bavella liegt perfekt in der Mitte dieser Tour. Auch das kulinarische Angebot kann überzeugen. Etwa im **Les Aiguilles De Bavella** (GPS 41.795889, 9.225944). Das Menu Tradition kostet um 20 Euro, ist aber für mittags vielleicht etwas zu viel des Guten. Es gibt aber auch eine gute Auswahl an Einzelgerichten.

**les-aiguilles-de-bavella.fr**

Die Atmosphäre am Yachthafen von Porto-Vecchio ist gemütlich, das Essen korsisch-deftig. Zum Einstieg darf es im **Restaurant Via Mare** (GPS 41.588833, 9.284250) gerne mal ein halbes Dutzend frische Austern sein, danach schmackhaftes Wildschwein, dem auch Obelix nicht widerstehen könnte.

**viamare-portovecchio.com**

## ORTE & STÄDTE

---

---

## PÄSSE